基于核心素养的初中数学课堂教学研究

黄晓华　著

延吉·延边大学出版社

图书在版编目（CIP）数据

基于核心素养的初中数学课堂教学研究 / 黄晓华著
. -- 延吉：延边大学出版社，2023.4
ISBN 978-7-230-04667-1

Ⅰ．①基… Ⅱ．①黄… Ⅲ. ①中学数学课－课堂教学
－教学研究－初中 Ⅳ．①G633.602

中国国家版本馆 CIP 数据核字(2023)第 059002 号

基于核心素养的初中数学课堂教学研究

著　　者：黄晓华
责任编辑：金　鑫
封面设计：文合文化
出版发行：延边大学出版社
地　　址：吉林省延吉市公园路977号　　邮　编：133002
网　　址：http://www.ydcbs.com　　　　E-mail：ydcbs@ydcbs.com
电　　话：0433-2732435　　　　　　　传　真：0433-2732434
印　　刷：延边延大兴业数码印务有限责任公司
开　　本：787毫米×1092毫米　1/16
印　　张：11
字　　数：210千字
版　　次：2023年4月第1版
印　　次：2023年6月第1次印刷
书　　号：ISBN 978-7-230-04667-1

定　　价：49.80 元

前　言

　　现代社会发展日新月异，我们生活在一个数字化的信息时代，数学的应用越来越广泛，数学的内容、思想、方法和语言已广泛渗入到自然科学、社会科学以及人们生活的方方面面。在日常生活和工作中，人们理解和应用数学的需求不断加强，如了解天气趋势、商场打折促销、家庭投资理财、电脑图像设计等，都需要较强的数量意识和数学思维能力。再如，在现代社会里，数据、符号日益成为一种重要的信息，报纸等媒体中都要广泛使用图表。为了更好地认识客观世界，人们必须学会处理各种数据信息，收集、整理与分析图表，这些能力已经成为信息时代公民基本素养的一部分。

　　核心素养指导、引领着课程改革实践，是深化课程改革的基础。"培养全面发展的人"从根本上要求每个教师都成为培养学生全面发展的教育者，学科教师不是单一学科知识的传授者，更负有育人的责任，教育渗透在学科教学之中，蕴含在与学生的共同生活之中；教学不仅仅是传授知识，而是对人的全面发展的培养，教学改革不单是方式方法的改革，而是面向全面育人的根本性的转变，各个学科应以核心素养为基础，以学生全面发展为目标，打破学科壁垒，实现整个教学的统筹统整。课程不只是知识的载体，同时也是育人的载体，课程要面向不同层次学生发展的需求，并且要促进不同层次学生的发展，使其潜能得到最好的开发。

　　核心素养理念的提出为初中数学教师带来了更多的教学思路，也从更加科学的角度阐释了教育的目标，初中数学教师应该根据核心素养的内容，选择合适的教学方法为学生开展教学活动，激发学生的数学学习兴趣，调动学生主动学习的积极性，促使学生的综合素质得到提升，有效实现数学教学目标，提高学生理解和运用数学知识的能力。

　　鉴于此，笔者撰写了《基于核心素养的初中数学课堂教学研究》一书。本书对数学学科关键能力进行了教学改进研究，探索了数学核心素养在教学实践中的落地问题，期望借助数学学科能力的表现测评，以教师的关键教学行为和学生的课堂表现行为作为抓手，探索能够促进学生数学核心素养发展的有效教学策略，为学校的教学改进研究提供一种研究范式。

　　为了确保研究内容的丰富性和多样性，笔者在写作过程中参考了大量理论与研究文献，在此向涉及的专家学者们表示衷心的感谢。本书由马玉虹、李娜、焦东旭 、汤宁、曾鲲老师负责审校工作，在这里为这些老师的辛勤付出表示衷心的感谢。

　　在编写过程中，笔者既对前辈学者的研究成果有所参考和借鉴，也注重将自身的研究成果充实于其中。尽管如此，限于编者学识眼界，本书瑕疵之处，切望同行专家及读者斧正。

目 录

第一章　数学学科核心素养与学科能力

　　数学学科核心素养会对学生的未来发展产生关键作用。具备数学核心素养，学生可以更好地理解数学，并将数学知识运用到现实生活中。因此，学习数学知识、进行实践运用、迁移创新数学学科能力是数学核心素养与学科能力的共同要求，也是贯穿数学学习领域的核心所在。

第一节　数学学科核心素养

一、数学学科的性质

　　数学是研究数量关系和空间形式的一门科学。数学源于对现实世界的抽象，基于抽象结构，通过符号运算、形式推理、模型构建等，理解和表达现实世界中事物的本质、联系和规律。数学与人类生活和社会发展紧密关联。数学不仅是运算和推理的工具，还是表达和交流的语言。数学承载着思想和文化，是人类文明的重要组成部分。数学是自然科学的重要基础，并且在社会科学中发挥着越来越大的作用，数学的应用已渗透到现代社会及人们日常生活的各个方面。随着现代科学技术，特别是计算机科学、人工智能的迅猛发展，人们获取数据和处理数据的能力都得到很大的提升，伴随着大数据时代的到来，人们常常需要对网络、文本、声音、图像等反映的信息进行数字化处理，这使数学的研究领域与应用领域得到极大拓展。数学直接为社会创造价值，推动社会生产力的发展。

数学在形成人的理性思维、科学精神和促进个人智力发展的过程中发挥着不可替代的作用。数学素养是现代社会每一个人应该具备的基本素养。

数学教育承载着落实立德树人根本任务、发展素质教育的功能。数学教育帮助学生掌握现代生活和进一步学习所必需的数学知识、技能、思想和方法；提升学生的数学素养，引导学生会用数学眼光观察世界，会用数学思维思考世界，会用数学语言表达世界；促进学生思维能力、实践能力和创新意识的发展，探寻事物变化规律，增强社会责任感；在学生形成正确世界观、人生观、价值观等方面发挥独特作用。

二、数学学科核心素养的界定

为落实党的十八大、十九大关于立德树人要求，进一步深化基础教育课程改革，教育部组织 260 多位专家对普通高中课程方案和语文等 14 门学科课程标准进行了修订，历时 4 年已全部完成。经国家教材委员会审查通过，于 2017 年底印发。新的课程方案和课程标准中，各学科首次凝练提出学科核心素养。

数学学科核心素养是数学课程目标的集中体现，是具有数学基本特征的思维品质、关键能力以及情感、态度与价值观的综合体现，是在数学学习和应用的过程中逐步形成和发展的。数学学科核心素养包括：数学抽象、逻辑推理、数学建模、直观想象、数学运算和数据分析。这些数学学科核心素养既相对独立、又相互交融，是一个有机的整体。

（一）数学抽象

数学抽象是指通过对数量关系与空间形式的抽象，得到数学研究对象的素养。主要包括：从数量与数量关系、图形与图形关系中抽象出数学概念及概念之间的关系，从事物的具体背景中抽象出一般规律和结构，并用数学语言予以表征。

数学抽象是数学的基本思想，是形成理性思维的重要基础，反映了数学的本质特征，贯穿在数学产生、发展、应用的过程中。数学抽象使得数学成为高度概括、表达准确、结论一般、有序多级的系统。

数学抽象主要表现为：获得数学概念和规则，提出数学命题和模型，形成数学方法与思想，认识数学结构与体系。

（二）逻辑推理

逻辑推理是指从一些事实和命题出发，依据规则推出其他命题的素养。主要包括两类：一类是从特殊到一般的推理，推理形式主要有归纳、类比；一类是从一般到特殊的推理，推理形式主要有演绎。

逻辑推理是得到数学结论、构建数学体系的重要方式，是数学严谨性的基本保证，是人们在数学活动中进行交流的基本思维品质。

逻辑推理主要表现为：掌握推理基本形式和规则，发现问题和提出命题，探索和表述论证过程，理解命题体系，有逻辑地表达与交流。

（三）数学建模

数学建模是对现实问题进行数学抽象，用数学语言表达问题、用数学方法构建模型解决问题的素养。数学建模过程主要包括：在实际情境中从数学的视角发现问题、提出问题，分析问题、建立模型，确定参数、计算求解，检验结果、改进模型，最终解决实际问题。

数学模型搭建了数学与外部世界联系的桥梁，是数学应用的重要形式。数学建模是应用数学解决实际问题的基本手段，也是推动数学发展的动力。

数学建模主要表现为：发现和提出问题，建立和求解模型，检验和完善模型，分析和解决问题。

（四）直观想象

直观想象是指借助几何直观和空间想象感知事物的形态与变化，利用空间形式特别是图形，理解和解决数学问题的素养。主要包括：借助空间形式认识事物的位置关系、形态变化与运动规律；利用图形描述、分析数学问题；建立形与数的联系，构建数学问题的直观模型，探索解决问题的思路。

直观想象是发现和提出问题、分析和解决问题的重要手段，是探索和形成论证思路、进行数学推理、构建抽象结构的思维基础。

直观想象主要表现为：建立形与数的联系，利用几何图形描述问题，借助几何直观理解问题，运用空间想象认识事物。

（五）数学运算

数学运算是指在明晰运算对象的基础上，依据运算法则解决数学问题的素养。主要包括：理解运算对象、掌握运算法则、探究运算思路、选择运算方法、设计运算程序、求得运算结果等。

数学运算是解决数学问题的基本手段。数学运算是演绎推理，是计算机解决问题的基础。

（六）数据分析

数据分析是指针对研究对象获取数据，运用数学方法对数据进行整理、分析和推断，形成关于研究对象知识的素养。数据分析过程主要包括：收集数据、整理数据、提取信息、构建模型、进行推断、获得结论。

数据分析是研究随机现象的重要数学技术，是大数据时代数学应用的主要方法，也是"互联网＋"相关领域的主要数学方法，数据分析已经深入到科学、技术、工程和现代社会生活的各个方面。

数据分析主要表现为：收集和整理数据，理解和处理数据，获得和解释结论，概括和形成知识。

数学作为中学学习中重要的基础性学科，以往的教育教学更多注重教师大量的讲授和学生大量的习题训练，使学生巩固相关的学科知识，并通过多次的考试检验教与学的情况。但从长期来看，这并不符合时代发展的需要，也不利于学生长远的发展，且对于数学学科的发展也有很大的制约性影响，只有在数学教学中把培养学生的核心素养作为教学目标，让学生在学与用的过程中感知到数学的魅力，学生才能真正地投入数学学习之中，也有助于学科本身的长期发展。

第二节　数学学科能力

一、数学学科能力相关内容

（一）数学学科能力的定义

数学学科能力的发展对学生的数学能力认知与发展具有重要意义。关于数学学科能力的研究也是各个国家的教育家与数学家的研究重点。关于数学学科能力的定义，不同的人有着不同的理解，大致可以划分为以下几种。

（1）数学记忆能力。

（2）数学推理能力。

（3）归纳总结能力。

（4）运算能力。

（5）正、逆向思维能力。

（6）思维过度能力。

（7）使数学材料形式化，用关系和联系的结构来进行运算的能力。

（8）概括数学材料，从外表上不同的方面去发现共同点的能力。

上述几种能力综合起来，可以概括为数学的特有能力。经过探索发现，很多关于数学学科能力的观点中都包含了一般能力，还包含了数学思维能力等。

数学学科能力的结构研究，也是人们关注的重点，很多专家与学者对此进行了大量的研究。总的来说，数学学科能力可以划分为两个方面的内容。

第一，运用数学思维理解问题并解决问题。在解决数学问题的过程中，应该利用数学思维，进行推理与运算，最后解决相关问题。

第二，使用数学语言与工具进行交流。在数学领域有很多专业的术语，要具备数学表达与沟通能力，学会使用这些专业术语；还要学会使用相关的数学工具辅助自己，解决数学问题。

这两方面的能力，彼此之间并不是独立存在的，而是互为一个整体，每一种能力的使用，都会促进其他相关能力的开发，这是一个相互促进的过程。

（二）我国对于数学学科能力的定义

在我国比较流行的对数学学科能力的定义包括数学运算能力、数学思维能力、问题解决能力等。

1.数学运算能力

数学运算能力包含以下几方面的内容。

（1）理解运算对象的含义，掌握运算的法则、规律以及公式，认识运算之间的关系。掌握运算技能，能运用运算法则、规律、公式解决实际问题。

（2）根据实际情况，合理选择运算方式，优化运算过程，灵活变换运算方法。

2.推理论证

基础知识中概念、公理、定义的形成过程中会含有大量的合情推理与演绎推理，数学思维能力中的直觉猜想、归纳抽象、演绎证明等都是推理论证的内容。推理论证能力包含以下几个层次。

（1）运用牢固的数学基础知识进行推理论证，理解并掌握逻辑思维的基本形式与方法。

（2）掌握提取信息、处理数据的能力，能够对问题进行归纳概括和直觉猜想。

（3）灵活运用各种证明技巧、运算技巧，选择最佳的方式，在推理论证的过程中进行自我反思和建构。

3.问题解决能力

问题解决能力，划分为四个层次。

（1）在数学情境中发现数学问题，提出数学问题，了解解决这个问题的背景、基础和条件。

（2）探究解决问题的方法和策略，准确把握数学模型并可以准确运用。

（3）通过数学建模，寻求解决实际问题的方法。

（4）在解决问题的过程中，提出合理性的质疑和探究，体会问题解决的过程，掌握研究和解决数学问题的方法。

二、我国数学学科能力体系的建构

数学学科能力体系的构建应该基于科学性与均衡性，遵循数学学科的客观发展规律。

想要体现数学学科能力，就需要根据当前国际化的发展趋势，结合社会发展对人才的需求，根据学科之间的科学分工，传输学生最需要的知识。每一阶段的学生都有不同的特点，要根据现实情况确定当下什么对学生才是最重要的。在进行数学教学的过程中，可以参考相关学科研究，在不同的阶段对学生的要求会有所差别，教师也要思考在这个过程中的相关问题，并解决它们。教师要权衡利弊，学会在数学学科能力体系的建设中认清自己的优势，努力改善自己的不足，传授给学生的知识应该是既具有基础性，又有实用性的。

数学学科能力体系的构建应该是基于阶段性与连贯性之上的。数学学科能力的构建要具有一定的连贯性，这样才可以帮助学生做到能力培养的自然衔接；阶段性就是指学生在不同阶段的学习能力是不同的，每一个阶段都有自己的特点。

数学学科能力要素应具有可操作性和可测评性。学生的数学学科能力是可以在实际的情况中进行测评的，并且可以应用到实际的生活中。学生学习知识，最后会转换为现实的应用能力，解决具体的问题。可测评性最为通俗的解释就是，学生会在期中或者期末阶段接受考试，来检验学习能力，就是为了学生可以更好地学习知识，进一步确保数学这一学科的教育顺利进行。在进行相关的测验之前，都会制定一套相关规范，并以此为标准。除此之外，为了确保学生的数学学习能力不断提升，制定的课程标准一定是可测的。

数学学科能力作为学习数学过程中不断积累的一种能力，通过具体的数学知识与数学活动体现出来，并蕴含在数学活动之中，影响着数学活动的形成与发展。数学相关能力的提升，不能只依靠一种能力的提升，应该是多种能力的综合提升。数学学科能力主要包括数学思维能力、数学运算能力、数学证明能力、数学建模能力、数学推理能力，以及解决相关数学问题的能力、应用能力和创新能力。

第三节　数学学科能力构成的理论界定

一、数学学习理解能力的界定

数学学习理解能力是指完成数学相关知识的学习，应用数学知识解决现实问题的能力。在解决数学问题的过程中既会遇到简单的数学问题，也会遇到复杂的数学问题，根据学科的特点，以及学生的学习能力，针对数学学习能力与数学实践应用能力，以及数学创造迁移能力，对数学学习理解能力的界定如下。

数学学习理解能力的界定有很多标准，不管是国内的专家学者还是国外的专家学者，都从不同的角度对数学的概念以及数学的学习理解能力进行了相关阐述。但是，它们都可以统一为数学的认知理解。数学学习理解能力包括如下几个层次。

第一，可以保障自己准确地获取数学知识。

第二，可以归纳总结自己学过的数学知识，找出数学知识之间的联系，并可以进行自由转换。

第三，可以总结数学知识之间的联系，解决相关数学问题。

第四，可以根据相关的数学条件，完成数学知识的推理验证。

二、数学实践应用能力的界定

数学实践应用能力是有一定层次的。根据数学知识的应用情况，可以将数学实践应用分为两种：第一种是学生根据自己所学的数学知识的情况，对数学知识进行研究与探索；第二种是运用数学知识，解决现实生活中的实际问题，或者解决其他学科的问题。

数学实践应用能力的界定应该符合两条规定，一是可以在规定的数学情境中，运用数学思维，将实际信息与数学知识进行对应，完成相关任务。还有一种就是，利用数学知识，解决现实中的问题，可以利用相关的数学模型，也可以利用相关数学工具，解决实际问题。

三、数学创造迁移能力的界定

数学创造迁移能力主要包括，数学创造能力与数学迁移能力。不管是哪一阶段的教育，都需要提升数学创造能力。学习数学知识的过程也就是学生自己探究与验证的过程。数学的学习过程，也是验证自己猜想的过程。因此，数学创造迁移能力就是根据自己以往的知识学习，让学生更好地掌握新知识的过程。

数学迁移能力总的来说就是指在学习数学的过程中通过概括来实现的。数学概括能力越高，知识的系统性也就越高，数学迁移能力也就越高。数学迁移能力可以帮助学生更好地解决问题，培养学生的创造性思维。数学能力的提升离不开迁移能力的提升。因此，将数学迁移能力概括为以下几点。

第一，在数学学习的过程中，可以接纳新颖的数学方法，并且可以结合自己的理解进行再次创造。

第二，根据现实情况，进行合理的猜想与推理。

第三，可以提出不同的解决问题的方法，并且根据自己的推算进行适当的点评。

第四，可以根据自己积累的数学知识，通过自己的推理，建立数学学科之间的联系。可以主动对相关问题进行探讨。

第二章 初中数学教学与核心素养的培养

随着新课改的不断深化，数学教师原有的一些教学观念、教学方法和教学手段都受到了新的冲击和挑战。因此，初中数学教师应不断改进教学方式，提高教学质量，注意培养学生的数学核心素养。本章主要阐述初中数学课堂教学设计、新课改下的初中数学教学以及初中数学核心素养的培养策略。

第一节 初中数学课堂教学设计

一、初中数学课堂教学导入设计

课堂是教学的主阵地。课堂教学的好坏直接影响学生学习的效果。在新课程理念下，有效的数学课堂教学要以学生的进步和发展为宗旨，教师必须具有一切为学生发展的思想。因此，在教学中教师应根据学生和教学内容的特点，讲究教学策略，钻研教材，精心设计、灵活组织学生的学习活动，课后要进行教学反思，才能逐步改进低效和无效的课堂教学，从而提高课堂教学的有效性。

（一）实例式导入

实例式导入是通过分析与教学内容相关的生活实例，并从中归纳出某种规律来导入新课的方法。这种导入强调了实践性，能使学生产生亲切感，起到触类旁通的功效，同时能让学生感觉到现实世界中处处充满数学。实例式导入特别适用于对抽象概念的讲解。

（二）史实式导入

现行初中数学教材中，有很多内容都与数学史有关。因此，在讲授这些知识时，可以首先给学生介绍一些相关的数学史实，以提高学生的学习兴趣，培养学生对数学的探究精神。

（三）活动式导入

活动式导入富有启发性和趣味性，能够通过演示、观察、实验等帮助学生运用表象激发思维，促使学生建立符号表象，使学生更容易理解抽象概念。在数学课堂中运用活动式导入能活跃课堂氛围，提高学生学习的积极性，产生良好的教学效果。

（四）设疑式导入

设疑式导入是教师通过设置疑问，来激发学生的求知欲，引发学生积极思考，寻找问题答案，从而引出教学主题的导入方法。设疑式导入要根据教学重点和难点，巧妙设疑。所设的疑点要有一定的难度，要能使学生暂时处于困惑状态，营造一种"心求通而未得通，口欲言而不能言"的情境，还要善问善导，注意激发学生的思维。

（五）审题式导入

审题式导入是在课堂开始时，教师直接板书课题，通过引导学生探讨、分析课题完成导入。教师针对课题精心设计问题，既突出了主题，又能使学生思维迅速定向，迅速进入新课学习中。教师在导入过程中要善于引导，使学生朝着一定的方向思考。

（六）类比式导入

类比式导入是通过比较新教学的内容和与其相似的教学对象之间的共同属性来导入新课的方法。教师通过挖掘教材中可作类比的内容来导入新课，能培养学生的推理能力，使学生学会运用类比的方法去分析和解决问题，从而提高学习的积极性。类比式导入一般选取已知的数学对象进行类比，这样的引入较为自然。导入技能应注意时间合理、目的明确、富有启发性等问题。教师只有善"导"，学生方能"入"。

二、初中数学课堂教学模式

（一）"引导—发现"模式

新授课一般采取"引导—发现"模式。在这种模式中，教师不是将知识直接灌输给学生，而是精心设置问题，引导学生不断思考，激发学生的求知欲，学生在自主探索、分析和解决问题、合作交流的过程中逐渐掌握新知识，进而提高创造性思维能力。

1.创设情境

教师通过分析教学内容的重点和难点，精心设计问题，创设问题情境，引导学生进入课堂学习氛围，激发学生学习的欲望。根据不同的教学内容，设计的问题既可以是经过交流基本能解决的问题，也可以是虽不能完全解决，但可以设计出解决问题的方案或引起认知冲突的问题。

2.探究尝试

在探究尝试环节中，教师引导学生通过分析、观察、归纳、总结、推理等去探索与研究，逐步解决设计的问题。教师在探究尝试环节中应主动参与，对学生加以调节和引导，使问题不断深入，从而启发学生的主观能动性，使学生积极参与，真正学会"数学的思维"。

3.数学交流

教师在课堂教学中应创设教学活动，引导学生积极思考和相互交流，尝试得出结论，然后教师通过必要的讲解，明确这些结论，根据学生的回答给出明确"对"或"不对"的交代，并讲解这些结论在整个知识结构中的作用。在此环节中，教师应尊重和鼓励学生发散思维，产生创造性的想法。

4.解决问题

在解决问题的环节中，教师应围绕教学重心，科学设置问题，引导学生积极思考，分析和解决问题，进一步掌握所学知识，提高运用知识的能力，然后教师根据学生的反馈信息，有针对性地进行讲解。

5.巩固提高

教师通过对数学概念、规律、题目的形式等进行多角度的变化和延伸，编制具有开放性和探索性的问题，让学生探索、分析、交流，从而加深对知识的理解，培养学生的创新思维。

6.反思升华

通过前面几个环节，学生对本节课的内容已经有了较为深入的理解。此时，教师应引导学生进行反思升华，对知识进行整理和总结，对思想方法进行提炼。在这一环节教师应起引导作用，尽可能地让学生进行自我总结。

（二）"整合—创新"模式

复习课一般采取"整合—创新"模式。学生复习的过程就是对已学知识进行整理、巩固和提高的过程。在这一过程中，教师应以学生的活动为主，充分发挥学生的主观能动性，发散学生的思维。"整合—创新"模式的特点是对学过的内容以问题的形式展开讨论，引发学生积极思考，学生在分析、探索和交流的过程中巩固知识与技能。"整合—创新"模式能培养学生积极思维的习惯，培养学生之间的合作学习能力。教师在"整合—创新"模式中应创设有利于学生主体发展的环境，使学生的创新思维得到充分发展。

1.知识梳理

复习课应引导学生对已学知识进行分类整理，可由学生自主整理知识，也可由教师出示问题，让学生回顾已学知识，从而加深理解。知识梳理可让学生通过回忆、思考等方式，把单元知识结构化，建立自己的知识系统。

2.归纳质疑

在学生构建知识系统后，教师应指导学生归纳总结数学概念、数学规律、数学思想、解题技巧等，组织学生质疑答辩、互助评价，培养学生的归纳总结能力。在归纳质疑环节中，教师应选取典型题、变式题和易错题，查找学生的薄弱环节，让学生克服思维定式，通过对问题的分析，引导学生抓住知识的重点，补充对问题解决的认识和方法。

3.思维训练

在思维训练环节，教师根据单元知识，精心设计题组，如概念题组、易错题组和方法题组等进行思维训练。教师应注意问题的层次性，灵活变换问题形式，营造问题情境，以调动学生的积极性，发散学生的思维，培养学生自主探索、分析、研究的能力。在问题处理后，教师还应留给学生足够的时间进行反思。

4.数学交流

数学交流环节要求学生全员参与，充分发挥学生的主体作用，学生应积极发表自己的见解，在相互交流中不断修正、完善自己的观点，通过交流归纳出规律、方法、技巧等，为应用创新奠定基础，使发散思维得到充分训练，提高学生分析信息、处理信息、交流合作等能力。

5.应用创新

在传统复习课中，教学模式主要为"模仿—重复"，教师示范，学生模仿，如此反复练习，但机械的训练缺乏独立思考，不利于培养学生的思维。复习课应进行延伸，以体现复习课的发展性和灵活性，培养学生的创新意识和应用能力。"整合—创新"模式中的应用创新主要以开放性问题、一题多解等为主，同时展示共性或典型的问题。教师在应用创新环节中应注意提升问题解决的广度和深度，调动学生的求知欲望，发挥学生的主观能动性。

6.整合完善

在整合完善环节，教师通过整理共性问题和易错问题，出示针对性问题进行矫正补偿，进一步完善所复习的知识，培养学生的分析、归纳和综合能力，达到复习的目的。真正的学习是融会贯通，是创造性的学习。整合完善要求学生自主完成，形成知识方法体系，让学生学会学习。

（三）"反思—诊断"模式

讲评课主要采取"反思—诊断"模式。讲评课将考试评价与课堂教学有机结合，针对数学测验后的学生反馈情况，在教师的组织安排下，让学生自主纠错，使学生清楚自己存在的问题并及时纠正。在相互交流中，学生之间相互取长补短，从而进行自我反省，找出认知差距所在，激发学生对数学的学习动力，培养学生的自学能力。

1.统计分析

在讲评课之前，首先应对学生的答题情况进行统计和分析。统计应以全班学生为样本，统计试卷的平均分、及格率、优秀率、各题的得分情况。分析试卷应注意以下几点：第一，分析学生失分较为严重的题目，并进行详细讲评；第二，重点讲评试卷考察的重点和难点；第三，分析标准答案和评分标准。同时，教师还应分析在讲评时穿插哪些补充内容。通过统计与分析，教师才能在讲评时有的放矢、对症下药。

2.自我反思

根据试卷的完成情况，要求学生进行自我反思，检查自己的错误，分析错误的原因，并通过查阅课本、反思等解决问题。教师应了解学生的问题解决情况，让学生总结问题解决时用到的方法、规律和策略，让学生对学习方面存在的问题提出改进措施，教师在这一过程中应对学生加以引导。

3.小组诊断

对学生自查不能自纠的问题，提交小组讨论，通过组内同学的讲解和研讨，尽量解决所提出的所有问题。这样既能推动学生积极参与，又能培养学生乐于助人的精神，还能训练学生语言表达能力，增进同学间的交流和友谊。

4.集体诊断

在集中诊断环节，教师应给予学生表述自己思维过程的机会，找出共性问题和差异问题，启发学生寻求解决问题的方法，通过解答，追溯误区，弥补学生思维缺陷。教师应让学生对试题进行自我评价，同时教师应注意总结，提升问题解决的广度和深度。

5.补偿深化

由于考试卷面和时间等的限制，试卷不能涉及所学的全部知识，命题者往往以点带面考查学生对知识的掌握程度。因此，教师在讲评时不能就题论题，对学生出现的问题，应进行针对性的补偿深化，通过变式训练，多角度分析问题，开拓学生的思维，活化学习过程，尽可能地建立知识间的联系，从而优化解题方法，提高学生的数学能力。

6.归纳总结

一份试卷讲评结束后，并不意味着学生已经完全掌握了所有的知识。因此，教师还应进行归纳总结，做巩固加深的工作。教师可以根据学生在试卷中出现的问题精心设计练习题，当堂反馈补充，还可让学生自己设计一份试卷，以便课后复习巩固。另外，教师应让学生建立错题档案，将知识性错误整理到错题本中，时时不忘归纳整理，构建知识结构。

三、初中数学课堂教学活动设计

（一）教学活动目标

优质的数学课堂教学，需要好的教学情境为课堂造势，同时也需要好的数学教学活动为课堂造力。在课堂上落实数学核心素养，需要谋划好数学课堂教学活动。不同学生在参与同一数学活动时是有差异的，他们已有的数学知识、经验，他们对数学的态度等，都会对他们参与数学活动的兴趣、过程及结果等方面产生直接的影响。数学活动的主体是学生，学生参与活动的方式方法多样而灵活，教师应为他们提供自由活动的空间和的时间。

目标一般有两个含义，一是指射击、攻击或寻求的对象，二是指想要达到的境地或标准。对于数学活动来说，活动目标的含义更多是指第二种，即活动最终能解决问题及问题解决的质量。一般情况下，数学活动目标是在课程标准的指导下，由教师根据课程标准的要求，综合教学任务、学生的具体情况及教学环境等诸多因素来确定的。简单地说，活动目标是由课堂具体的教学目标确定的。每一个课堂活动，都承载着相应的具体的课堂教学目标。因此，目标的确定，决定了课堂活动设计、组织与实施的方向与质量。

与课堂教学目标设计相类似，数学活动目标的设计应基于课堂教学目标的要求，围绕达成课堂教学目标而展开。因此，在进行课堂活动目标的设计时，要在课程标准的统领下，对课堂教学目标进一步具体化分解，以保证当所有相关的课堂活动实施结束后，能达到或超过预设的课堂教学目标。

课堂活动目标的拟定，虽然不需要像课堂教学目标那样，明确地在教学设计中写下来，但也应如拟定课堂教学目标那样，预定清晰的、具体的、可检测的活动目标。这些目标应清晰地存在于教师的心中，并通过具体教学活动的实施而逐渐显现出来。很多时候，甚至还需要在课堂活动实施之前就让学生了解，让学生清楚活动所应达到的效果，并以此来评价课堂活动的效果，促进学生有效地参与数学课堂活动。有时虽然不需要明示出目标，但教师也需要了然于胸，以此来有意识地指导课堂活动的方向，在活动的最后，再根据预设的活动目标，检验与反思活动的质量。

让学生明晰活动目标，是使数学活动得以顺利进行、提高活动效果的前提，也是减轻学生参与活动的认知负担，提高活动兴趣的基础。当然，不同数学活动的目标是有差异的，就算对同一个数学活动，出于不同的课堂，其整体教学目标也是有区别的。在数学活动中，选择什么样的活动目标，在设计活动时就应分析拟定，并通过相应的具体的教学行为来保证活动目标得以顺利达成。

与课堂教学目标类似，数学活动目标也包含显性目标和隐性目标。显性目标一般是指知识与技能目标、过程与方法目标，对应数学核心素养中的数学知识与数学能力两个方面。它是可以通过具体的问题解决来检测的。隐性目标一般隐藏在活动的过程中，并通过学生在活动中的具体行为表现显现出来，教师可根据学生的具体行为表现及表现的水平来作出相应的水平评价，对应数学核心素养中的数学思考、数学思想与数学态度这三个方面。因此，活动目标的设计是促进数学核心素养在数学课堂教学中得以落地的重要因素。

在组织学生进行数学活动时，不仅要关注活动的结果，也要关注活动的过程，只有当数学活动的过程得到真正落实时，活动的预期目标才会如期而至。数学活动需要学生的真正参与，需要学生亲身经历知识的发生发展过程，探索问题的解决思路，并体验数学知识的意义。因此，与课堂教学目标类似，数学活动目标也包含过程性目标与结果性目标。过程性目标是指活动过程中，每一个活动环节所应达到的阶段性目标。而结果性目标是指整个活动结束后所应达到的活动目标。当然，具体数学活动的过程性目标与课堂教学中的过程性目标又有差异。课堂教学的过程性目标，更多是以经历、体验、探索等表示过程性学习的词来进行描述，而数学活动的过程性目标，更多是指在数学活动过程中，当活动进行到某一程度或某一阶段时所能达到的阶段性目标，更多是以实验猜想、推理、验证、表述等词来进行描述。

在组织学生进行活动时，需要确保学生经历上述每一个环节的活动，并根据学生在每一个环节活动中的具体表现而作出合适的评价。当学生遇到困难时，或学生的活动偏离目标时，教师或给出提醒，或给出指导，或给予具体支持，保证学生每一个环节都能顺利完成任务，达到预期的目标，从而保质保量按时完成这一探索活动。

由此可见，一个数学活动，由一系列相关的具体的数学子活动组成，每一个子活动都包含具体的、可以检测的目标。教师在课堂上的组织者、引导者与合作者的作用的具体表现，是让学生达成数学活动中每一个子活动的目标，进而促进整个活动按预定目标进行，促进课堂整体教学目标的达成。

总的来说，课堂活动目标与课堂整体教学目标之间的关系，和课时目标与单元目标、单元目标与学期目标等之间的关系是类似的。同时，它们又都为实现数学核心素养在促进学生全面发展中得以落地而服务。

（二）教学活动体验

体验过的东西可以让人们感到真实，并在大脑记忆中留下深刻的印象，让人们可以随时回想起曾经亲身感受过的生命历程，也因此对未来有所预感。进行数学活动的目的是更好地达成课堂教学目标，而课堂教学目标指向的应是学生数学课堂学习的效果。这种效果不仅表现在学生能否获得有关的数学知识，而且还表现在学生在数学能力（包括运算能力、推理能力、空间想象能力等）上是否得到提升，是否积极进行数学思考活动，是否能感悟问题解决过程中的数学思想方法，等等。也就是说，课堂教学目标的指向，应是学生在数学核心素养上所发生的变化。这就需要学生真正经历数学活动的每一个过程，切身体验数学活动的每一个环节，感受数学活动的魅力。

认知心理学认为，人的认知过程就是信息的接收、编码、贮存、交换、操作、检索、提取和使用的过程，强调人已有的知识和知识结构对他的行为和当前的认知活动起决定作用。建构主义强调学生对知识的主动探索、主动发现和对所学知识意义的主动建构，指出学习是学习者在同化、顺应的过程中进行的。

这些理论，都突出学习主体在学习过程中的主动性所起的关键作用，突出学习主体在学习活动中的自我建构与切身体验。数学活动应该也必须是在教师的组织与指导下，由学生自身进行的做数学的活动。让学生亲身经历数学活动的每一个过程，品尝活动过程中的各种"味道"，也就成为组织数学活动的价值取向。

体验，其价值不仅在于获得知识或技能，更重要的是获得研究数学问题的方法与经验，以及运用这种方法和经验观察现实世界、思考现实世界、表达现实世界，让学生感受数学产生的应然与必然，感受数学文化的价值，培育理性思维品质。

体验，意味着学生必须参与。学生的主动参与是数学体验的标志。这种参与，不仅表现在观察与操作实验上，还表现在运算、猜想、验证、推理上，更重要的是表现在数学思考上。由此可知，学生体验的具体表现为做一做、算一算、想一想、说一说、写一写。做一做指的是操作、实验。算一算指的是运算，是对实验操作的结果进行运算，为能发现普遍的规律作准备。想一想，也就是数学思考，思考操作实验中所隐含的数学关系或普遍规律，思考是否还有其他可能的结果，为说一说作准备。说一说，也就是用语言表达出自己的想法，它是建立在想一想的基础之上的。说一说，意味着已有了自己的观点、看法、思考，意味着自己的想一想不仅是抽象的，而且是具体的，能用语言表达、交流的。写一写，这是思维的结果，是理性思维品质的外在表现，是思维结果的外化，不仅需要深入地想，而且要学会运用数学语言（包括文字语言、图形语言与符号语言），运用符合数学语言表达的规则表征出来。因此，写一写不仅是概括思维的产物，而且是抽象与逻辑思维的结果。

当然，随着学生年龄的增长，学习经验的增加，数学思维水平的提升，很多时候，也需要想一想之后才做一做、算一算，在想、做、说中也需要加入写一写，以使自己的思维更具有逻辑性，使自己的表达建立在理性思维的基础之上，让思维的结果不仅是符合实际的，而且是符合逻辑的，是能反映数学基本规律的。

只有当学生意识到学习是自己的事情后，有效学习才会真正发生，课堂教学的有效性才能得到保证，数学素养才能得到真正落实。体验只有在学生经历之后才变得真实。因此，课堂上教师必须给学生充足的时间与空间，让学生真正地进行做、算、想、说、写等数学活动。这样，学生才会明白知识的来龙去脉，才能让知识在自己的头脑中生根发芽，才能积累数学活动经验，提升数学素养。

（三）教学活动指导

数学活动中的"指导"，一方面如手机导航中的引导作用，更多的是一种活动的规则或活动的指引，是学生进行活动所遵循的"步骤"。例如，在进行"画出函数 $y=2x-3$ 的图像"这一活动时，教师可以边画图示范边讲解，学生模仿教师的操作，根据教师讲解的程序或画图像的步骤进行画图。教师也可以给出画函数图像的步骤，让学生按步骤一步步地画出函数的图像。在这个活动中，教师的讲解示范或所给出的画图像的步骤，发挥的就是一种"向导"的作用，引导学生按画图像的规则画出该函数的图像。

数学活动中，教师的"组织"作用主要体现在：根据课堂教学目标、活动目标设计好数学活动的内容，以及开展数学活动的流程；根据课堂活动的开展情况，对学生的数学活动过程进行调节，促进活动朝着目标方向发展。前者指向的是教师对数学活动的课前预设，它需要回应的是"组织什么样的活动""为什么要组织这样的活动"，以及"如何组织活动"等问题。这与课堂教学设计中预设"教什么"及"怎么教"相呼应。后者指向的是数学活动的课堂生成，它需要回应的是"活动偏离了预设该怎么办"等问题。前者有利于提升活动的效率，保证活动的效果，后者有利于提升活动的效益，两者形成合力，才能促进数学活动的有效开展，提升数学活动在培养学生数学素养中的作用。

教师在数学活动中的"引导"作用主要体现在：通过问题驱动来激发兴趣，引发数学思考，促进活动步步递进、层层深入，即通过适当的示范或问题启发，帮助学生顺利开展活动，引发学生从活动中发现问题；通过适当的问题，激发学生对操作实验进行数学思考，引发学生从活动中提出问题；通过适当的问题，激发学生对问题进行分析思考，引发学生获得问题解决的方法；通过适当的问题，激发学生对活动进行反思，形成数学基本活动经验，提高研究数学问题的能力。可以发现，教师在数学活动中的"引导"是以问题为载体，以问题为驱动，以培养学生数学地观察、数学地思考、数学地表达为目标，层层递进，共为一体。

教师在数学活动中的"合作"作用主要体现在：营造一种安全、自由的活动环境；适度参与学生的数学活动，与学生共同探索；与学生共同分享探索成果，鼓励学生反思探索失败的原因。合作，要求教师成为学生进行数学活动的伙伴，有始有终地参与到整个活动中去。但与此同时，教师又不能把自己完全当成学生，在活动中"抢了学生的风头"，而是要把学生推到活动的前台，把自己隐身于幕后，在后面发挥助力器的作用。当需要时，教师及时出现，给予适当的指导，激励学生不断探索。

（四）教学活动的收获

任何一个完整的数学活动，都是由若干个子活动、若干个活动步骤所构成的。每一个子活动目标的实现，每一个活动步骤的顺利实施，都在一步步地接近活动的最终目标。因此，每一个子活动的实施过程，每一个活动步骤的操作过程，都体现已有数学知识的不断运用并且有可能产生新的数学知识；每一个活动步骤都是数学能力的强化以及新的数学能力的形成，都是学生数学思考的结果，同时也在提升学生的数学思考能力；每一个活动步骤都能反映学生主动参与数学活动的态度以及不断追求活动最终目标的勇气与信心。因此，数学活动的收获，学生数学素养的提升，不仅来自经过数学活动后获得的预期结果，也来自活动过程的本身，它隐藏于活动的过程中，在整个活动的每一个环节都有体现。

在学生进行数学活动时，教师需要睁大发现学生优点的慧眼，及时发现学生在活动过程中得到的步步逼近活动目标的探索结果，及时发现学生在活动过程中所出现的"意外"及"创新之处"，并将这些信息以合适的方式及时传递给学生，让学生能真正体会到有所得、有所获，从而树立继续向前探索的信心。

解题活动的"收获"不仅仅在于正确解出问题，如果仅局限于得到答案，那么解题过程中的"一路风景"便被错过了，这无异于"入宝山而空返"。因此，反思解题的得失，分析之前解题中遇到的困难及其原因，以及之后顺利"突围"的方法，对培养学生解题能力与解题经验来说，非常重要。之后，寻找不同的解法，也就是一题多解，从不同的方向与路径去解答同一问题，也是对不同知识的一次全面性的复习。在此基础上，再反思不同解法之间的内在联系，可帮助学生自主建构不同知识点间内在联系的认知图式，帮助学生实现对知识的结构化、整体性认识。这正是教师在数学活动中所需要发挥的引导作用，也即数学活动的价值之所在。

四、初中数学课堂教学情境创设

（一）生活性教学情境

教师要寻找、挖掘学生现实生活中与当下课堂教学密切相关的数学素材，经过合理的加工形成课堂教学情境，进而将教学情境改造成课堂教学内容，努力与抽象的数学教学内容进行联结，让学生认识到现实生活中蕴含着大量与数量和图形有关的问题，这些问题可以抽象成数学问题，用数学的方法予以解决。教师在整个数学教育的过程中都应该培养学生的应用意识。让学生真正经历从现实生活到数学的"数学化"过程，帮助学生直观地理解数学知识。

例如，在引入负数的概念时，就可通过图片、表格等形式，展示生活中存在的大量需要用负数来表达的例子，如表示收入与支出，表示零上与零下的气温，表示电梯上的楼层数据，等等。这些具体的例子，不仅能让学生感受到学习负数的必要性，而且还能从中感受到正与负之间所表示的相反意义。又如在教学函数的概念时，也可以通过多媒体展示，利用表格、图像及关系式表示现实生活中量与量之间的关系，让学生逐步经历从具体例子中概括出共同属性，再举出生活中的实例来例证属性，最后形成概念的过程。这样既可以让学生感受学习函数这个新的数学对象的必要性，也可以让学生真正经历一个核心概念的形成过程，并在这个过程中感悟抽象思想及概括思维。无论是数学概念的教学，还是数学原理及解题教学，现实生活中都存在大量的丰富的真实例子。

当然，一个纯粹的现实生活情境仍无法作为数学课堂教学的有效的教学情境，它需要同时蕴含能激发学生进行数学思考的数学问题，蕴含能启迪学生从情境中发现问题、提出问题的元素。而现实生活情境能否发挥数学教学的价值，不仅在于情境的真实性，情境与学生现实生活的紧密关联性，更在于情境中问题设计的合理性，在于教师在教学时能否挖掘出情境中蕴含的数学元素的真正教学价值。

一个好的生活化教学情境，它的价值不应仅局限于引出课题，还在于让学生在思考解决这个情境所蕴含的数学问题的过程中，经历将生活化问题抽象出数学问题的数学化过程，感悟抽象思想与模型思想，以提高发现问题及提出问题的能力，感受数学与生活的紧密联系；更在于激发学生运用已有的知识及经验去努力解决所得到的数学问题的兴趣，以提高分析问题及解决问题的能力。在分析问题与解决问题的过程中，当学生发现所学习过的知识、所具有的经验均无法顺利解答时，就会被迫学习新的知识与方法。此时的新知，是在"愤悱"状态下去学习的，因而学生学习的兴趣就会被激发，学习的主动性就会显露，学习的效率也就大大提高了。

课堂教学环境不应成为课堂教学的"孤岛"，也不应成为课堂的"附属品"，它应成为课堂教学不可或缺的一部分。课堂教学的引入、教学内容的展开、问题的探究、学习内容的巩固与运用、课堂教学的小结与反思等，每一个具体的教学环节、教学情境都或明或暗蕴含其中。在课堂教学引入时，设计一个生活化情境，当学生的知识及经验无法解决这个情境中的数学问题时，让情境成为该课学习的一个悬念，这当然可以吸引学生学习本课的兴趣。但运用情境引入课堂教学时，必须让学生清楚地知道情境所蕴含的数学问题是什么，要解决这些数学问题所需要的知识是什么，否则，情境是情境，而课堂是课堂，就会两不相干了。

（二）关联性教学情境

教学情境除了来自现实生活外，还可以根据数学知识的内在逻辑联系，通过"以旧引新"的形式创设出来。这既能巩固已学习过的知识，又能引出相联系的新知识，让学生感受新旧知识间的内在联系，以建构逻辑连贯的数学认知结构，形成良好的数学学习认知系统。

根据数学知识之间的内在联系，创设关联性教学情境，需要教师在理解数学上下功夫，在理解学生的认知发展水平及已有的经验上下功夫，在帮助学生从整体结构上认识数学、学会学习数学、积累研究数学对象的经验上下功夫，需要着力于减轻学生学习数学的认知负担，在提升学生的数学核心素养上下功夫。

（三）操作性教学情境

第三种常见的创设教学情境的方式是设计操作性活动，学生在实验操作过程中，观察、思考实验对象所蕴含的数学关系，在动手实践、直观观察与数学思考的过程中形成认知，获得知识，解决问题。

一个好的操作性教学情境不仅要能激发学生探究数学的兴趣，还必须能唤起学生数学思考的欲望，能让学生在观察图形变化的过程中，或发现其变化中的不变性，或发现其蕴含的基本数学关系，等等。进而提出猜想，发出疑问，提出问题。操作不是最终目的，由操作而产生疑问，提出问题或获得猜想，才是操作性教学情境的教学价值之所在。

对操作性情境来说，它真正的教学价值不应局限于操作，而在于经历操作（数学实验）的全过程，这个全过程应是"思考—实验—验证—反思"，体会合情推理的意义，感悟推理的思想。这里思考的价值在于明确实验的内容与目标，明晰实验的方向，规划操作实验的路径。

（四）跨学科性教学情境

数学在科学及人文发展中的贡献和作用巨大，同时其他学科与数学之间有着密切的联系。这为创设教学情境提供了新的途径，即根据数学与其他学科之间的密切联系，创设跨学科性教学情境，以帮助学生在运用数学知识解决其他学科问题的过程中，发展将其他学科问题转化为数学问题的数学化能力，感受数学模型思想，拓宽数学认识的视野，提高学习数学的兴趣，培养与发展数学品质。

创设跨学科的教学情境，不能局限于把这一情境中所反映的数量关系等内容，当成具体的数学知识或技能来让学生简单运用，而是要让学生在运用数学知识解决情境所包含的数学问题的过程，充分经历从其他学科到数学的数学思考的过程，感悟蕴含其中的抽象、推理及模型等数学思想与方法，以培养与发展学生的数学核心素养。

教师要合理创设跨学科性教学情境，发挥这类情境在培养学生数学核心素养中的作用，从全科育人的高度，从促进人的全面发展的高度去认识数学教学。把数学独立于其他学科来孤立地学习，把数学独立于社会需求来教学，不利于学生的全面发展，也不利于学生对数学知识的全面性、本质性理解，更不利于培养学生的应用意识与创新能力。学生未来的生活不应仅仅有数学和其他学科的知识，还应该有数学的思维，应具备一定的数学地观察世界、数学地思考世界的能力。世界是具体的，是活生生的，数学的抽象性让数学离具体的现实生活世界有一定的距离，这常常需要借助其他学科的力量，运用数学的眼光与思维，透过现象看本质，分析一系列现象背后的基本规律，从而更好地生活与学习。

需要指出的是，在教学中创设与其他学科知识相关的教学情境时，不能过于固守教材中现有的情境，或其他已有的教学设计中的情境，而是要与其他学科教师进行一些交流沟通，了解学生在相关学科方面的认知经验与水平。若学生不具备这些学科知识，那么教师就需要更换这类教学情境，而不是一味地盲从照搬。否则，所创设的教学情境，很可能需要教师花费大量的时间来先帮助学生了解相关的学科知识，这反而冲淡了这一教学情境中的数学味道。

（五）文化性教学情境

还有一种较为常见的创设教学情境的方式，就是根据数学发展的历史及故事等创设数学文化性教学情境。数学作为一门独特的具有悠久历史的学科，具有自身独特的丰富的数学史、数学美等文化价值。教师在教学时，利用这些资源来创设数学教学情境，可以让学生从数学发展的历程上去整体认识数学，加深对当下学习的数学知识及方法的整体性理解。同时，更为重要的是，数学发展史上所出现的名人逸事，经典数学公式、法则，经典数学问题，数学自身的美等，对提高学生学习数学的兴趣，培养学生形成良好的数学态度，形成良好的人生观、世界观、价值观等，都有巨大的作用。

比如圆周率 π，是一个在数学及物理学中普遍存在的数学常数，刻画的是圆的周长与直径的比值，它的近似值为 3.14。教学时，可以创设一个与 π 的研究历史有关的教学情境，让学生收集、阅读相关的历史文献资料，这对培养学生的数学素养将意义无穷。

创设基于数学学科的数学文化性教学情境，就是要将反映数学的思想、精神、方法、观点、语言等融入课堂，内化于具体的数学知识，并通过具体的教学情境外化出来，帮助学生更好地理解数学，培养学生的数学素养。

第二节　初中数学核心素养的培养策略

一、初中数学核心素养的构成要素

何小亚教授认为，数学核心素养包括数学运算、数学推理、数学意识、数学思想方法和数学情感态度价值观等五个方面。美国数学督导委员会（National Council of Supervisors of Mathematics，NCSM）指出，现代数学素养包含数学知识、数学思维、数学方法、数学思想、数学技能、数学能力、个性品质七个方面的内容。可以看出，对于数学核心素养的内容，他们的观点是相通的，除了数学本身的知识、能力、方法、思想外，还涉及人成长过程中作为一个社会个体不可或缺的基本素养。

教育的本质是使学生得到全面的发展，要想影响一个人的数学素养，元认知能力不可欠缺。也就是说，一个人对数学的兴趣与向往，他学习数学的个性品质，他在应用数学中所表现出来的个人修养，影响他的人生态度。与此同时，人的社会属性，影响一个人是成长为促进社会发展的人还是成长为精致的利己主义者。事实上，"必备品格"与"关键能力"是构成核心素养的关键要素，是所有学科核心素养的基础。因此，缺少数学情感态度或数学个性品质的数学核心素养，是欠妥的，至少是不全面的。

对于初中数学教育来说，如果数学教育不能在人的情感、态度与价值观等方面的培养中发挥积极作用，那么培养出来的将只是在数学智力上得到良好发展的人，要培养对社会发展有推动作用、对社会建设有价值的时代公民，这是远远不够的。如果数学学科没能在"立德树人"方面发挥应有的作用，那么它就难以真正融入教育改革与发展的大潮流之中。

二、初中数学核心素养各要素的关系

数学核心素养作为构成数学核心要素的有机组成部分，不是相互独立和割裂的，而是一个密切联系、相互交融的有机整体。如中国学生发展核心素养各素养之间的关系那样，各素养之间相互联系、相互补充、相互促进，在不同情境中整体发挥作用。

数学知识作为数学核心素养的基础性部分，是学生提升数学能力，学会数学思考，感悟数学思想的重要载体。离开数学知识，数学能力与数学思考也就成了无源之水、无本之木。数学能力包含发现问题的能力、提出问题的能力、分析问题的能力及解决问题的能力，数学能力是数学知识在问题解决过程中的外显，是数学知识作用于新的情境的表现形式。离开数学知识的数学能力是不存在的，而只有数学知识没有数学能力的人也是不存在的，只不过能力存在高低的差别而已。而这个高低的差别，不仅表现在数学知识的量的差距上，还表现在将知识显化的能力的差异上。

可见，数学知识、数学能力不可避免地要与数学思考、数学思想、数学态度等要素联系在一起。而数学思考是指运用数学方式的理性思维进行的思考，它培养学生以数学的眼光看世界，从数学的角度去分析问题的素养。学生能否进行数学思考，需要数学知识、数学能力作为支撑，同时也需要数学思想及数学态度发挥积极的作用。因此，构成数学核心素养的五个要素之间是你中有我、我中有你的有机整体。它们在促进人的全面发展中发挥着积极的作用。

例如，有理数的减法法则，作为数学中具体的数学知识，它的内容是减去一个数，等于加上这个数的相反数。这个知识包含很多相关的数学知识，包括数学概念，如相反数等，也包括数学运算，如减法、加法。当然，从广义的角度来说，其包含的数学知识远远不止这些，该法则还包括其蕴含的程序性知识与策略性知识等，如转化与化归思想。这也从另一个角度说明了，构成数学核心素养的五个要素之间是互为一体的关系。与此同时，如果单纯有减法法则这个知识，但不懂得将这个知识运用于有理数运算，那么这个知识就是死知识，是无用的知识。不少教师在日常教学中，往往就将它当成死知识来教，让学生去背诵法则，却并没有让学生真正明白如何用法则。有些时候虽然是进行运算了，但并不是运用法则的表现。因为，欠缺数学思考的法则，哪怕用了也是死知识。学生进行运算，也仅仅是模仿，而不是运算能力的体现。这里的数学思考，也就是让学生将死的知识、冰冷的法则，通过结合自身以往的经验，经过自身思维上的加工，激活它，使它由教师的、教材的变成自己的。这就需要教师在课堂教学中创设让学生用自己的语言解释它的机会，鼓励学生用具体例子去验证，促进知识的内化，然后再通过适当的练习进行强化、巩固，进而成为学生自身的知识。而学生在解释与运用的过程中，他们就会感受到减法变为加法的思维过程，理解减法变为加法的运算算理，并在这个过程中感悟其中蕴含的转化与化归的思想。当出现错误时，能自觉回到法则中去，运用法则来对运算进行修正，这需要学生有良好的数学态度。否则，他们就会等教师的分析讲解，等正确的答案。而在当下现实的课堂里，这种"等"答案的现象确实比较常见。

事实上，对于中小学数学教育教学来说，更应该关注、研究的是如何在课堂教学中落实培养学生数学核心素养的问题，如何促进不同的学生在数学素养上得到不同程度发展的问题。课程改革的关键在于教师，同样地课堂教学中促进数学核心素养落地生根的关键也在于教师，在于教师的教育观念、理念，而不仅仅是教学方法、教学技术。

当学生提出一个问题时，存在着多种可能的原因，但至少他有丰富自身数学知识的愿望，也就是说，他有学习数学的兴趣。如果教师能认真地回应学生的问题，就算不能告诉他完整的正确答案，也可以告知他获得答案的途径或方法，那么他既可以获得数学知识，同时又能培养数学态度，一种对数学有好奇心的态度，一种了解数学的价值的态度，一种爱思考、爱学习、求上进的积极的态度。而正是这些良好的态度，会成为激励他学习数学的原动力。当教师把数学课堂教学简化成"为考试而教"的时候，落实数学核心素养也就成为一句空话，一个口号而已。

三、初中数学核心素养的评价层级

核心素养是学生在接受相应学段的教学过程中，逐步形成的适应个人终身发展和社会发展需要的必备品格与关键能力。因此，学生数学核心素养层级的划分与学生已有的经验水平以及认知能力相关。从这个意义上来说，教师应该用发展的眼光来看学生数学核心素养的层级，只有这样，数学教学才能适应学生个性发展的需要，才能真正做到因学生的具体情况而培养与发展他们的数学核心素养。

下面以课题"应用一元二次方程（2）"为例，来尝试分析关于数学核心素养的评价层级问题。该课的主要内容是运用一元二次方程这个数学模型，来解决现实生活中关于销售的利润问题。本课内容涉及三个数量关系：①单件商品实际利润=单件商品的实际售价-单件商品的成本；②实际销售量=原有销售量+变化量（当销售量增加时，"变化量"为正，当销售量减少时，"变化量"为负）；③实际总利润=单件商品的实际利润×实际销售量。

（一）数学知识

从数学知识（在这里主要是从狭义的角度，即指陈述性知识）的角度来分析，本课主要包含：一元二次方程的解法步骤、上述的三个数量关系、列一元二次方程解应用题的基本步骤等。由于学生刚学习过一元二次方程的解法，因而在这里，从数学素养的层级性来看，解一元二次方程属于第一层级的数学知识素养。而对于列方程解应用题的基本步骤，学生已具备较为丰富的经验，在大脑中已留下较为深刻的印象，因此也可以称之为第一层级的数学知识素养。而对于上述的三个等量关系，等量关系①与学生的现实生活体验直接相关，学生可以与现实生活直接联系起来，因此属于第二层级的数学知识素养。等量关系②虽然涉及变量的知识，但学生仍可结合生活经验去理解，因而可以认为也属于第二层级的数学知识素养。等量关系③是由等量关系①与②组成的，受等量关系①与②的影响，但单纯从陈述性知识的角度来说，它的难度也不大，通过教师的举例阐释，学生仍能理解，因此可把它归于数学知识素养的第三层级。从上述的分析可以看出，本课数学知识素养的三个层次，对应布鲁姆教育目标分类（认知领域）中的知识层面，即回忆、选择与陈述等。

上述的分析是基于学生对商品销售这个生活化情境有所体会的基础之上的。基于这个分析，为了在本课中达到培养学生数学知识素养的目的，应该清楚学生是否掌握一元二次方程的解法，应该创设具体的生活化情境帮助学生"回忆"上述三个等量关系的事实，应该让学生在问题解决的过程中回忆列方程解应用题的基本步骤。

（二）数学能力

从数学能力核心素养的角度来分析，本课主要包含：会选择合理的方法解所列出的一元二次方程模型，这属于运算能力；会用合适的代数式来表达上述的三个等量关系，包括引入合适的未知数，这属于符号意识与运算能力；会根据实际问题找出问题中包含的上述三个等量关系，这属于阅读理解能力及分析问题能力；会根据问题，判断解出的模型结果的合理性，这属于发现问题的能力；解决问题的过程中，会解释自己的思维过程，会对自己的解答过程作出合适的评价。

从数学能力核心素养的层级来分析，学生刚学习完一元二次方程的解法，基本能根据不同的方程选择不同的解法，因此"解一元二次方程模型"对应的是数学能力素养的第一层级。"引入未知数及用代数式表示等量关系"，这涉及数学化及符号化的思维过程，本课中涉及直接引入未知数与间接引入未知数的问题。因此，这个能力应属于数学能力素养的第三层级。找出问题中包含的三个等量关系，涉及数学阅读能力、抽象与概括能力、信息的加工能力等综合能力，但由于本课中问题的情境与学生的生活直接相关，对学生来说难度不算太大，可以把这个能力也归于数学能力素养的第三层级。判断模型结果的合理性，不仅要检验结果是否是模型的解，而且要检验结果是否符合生活实际，有时还涉及问题中隐含条件的挖掘与运用。因此，这个能力应属于第二层级（可直接判断）或第三层级（需要挖掘问题中的隐含条件），甚至于是第四层级。"解释自己的思维过程"，这涉及运用数学语言来表达思维的能力，不仅需要学生充分理解问题、模型，以及探索模型的思维过程，理解他人的表达，同时还需要学生具有较强的语言表达与交流能力，故可认为这个能力属于数学能力素养的第四层级。由上述分析可见，本课数学能力素养的四个层次，对于布鲁姆教育目标分类（认知领域）中的理解、应用、分析、综合及评价五个方面，均有涉及。

（三）数学思考

从数学思考这个核心素养的角度来分析，该课主要包括：会用符号及代数式表示销售量与单件商品的售价（或单件商品的利润）之间的关系；会根据单件商品的售价（或利润）的变化确定销售量的变化；在问题解决的过程中感悟模型思想，体会一元二次方程这个刻画现实生活的有效模型；理解当单件商品的售价（或涨价等）发生变化时，单件商品的利润、销售量的变化，感受这个函数关系。其中，"用符号及代数式表示销售量与单件商品的售价（或单件商品的利润）之间的关系"，涉及符号化思想与形式化思想，而当引入了未知数后，只需要将实际问题的语言转化为数学关系的语言表达即可，这需要学生对问题中反映的数学关系有数学化理解。这对于学生来说，具有较大的挑战性，因此可认为这属于数学思考素养的第三级。

模型思想是数学思想的核心内容之一，根据实际问题建立一元二次方程的数学模型，不仅需要学生理解问题中反映的数量关系，而且需要学生具备相关的数量关系经验，如总利润=商品的单件利润×销售量，这建立在学生对生活的数学化理解的基础之上，需要学生具备良好的数学概括能力、数学抽象能力与符号表征能力。同时，在模型的推广与应用的过程中，需要学生根据具体的问题抽象出数学问题，进而建立与一元二次方程相关的认知结构。因此，这个素养的层次属于数学思考素养的第四层级。由问题中反映的数量关系可知，当单件商品的售价或利润发生变化时，销售量也发生变化，对于这种变化关系，学生可以从问题中获取信息，也可以从对生活的理解中获取，但这种关系是建立在学生数学阅读的基础之上的，而且这种关系是不是函数关系，需要学生对函数概念的本质（即对应）有一定的理解。据此，如果单纯从销售量与售价的关系的直观理解上来看，可以认为这属于数学思考素养的第三层级，但若从函数观念上理解这种关系，则这属于数学思考素养的第四层级。

（四）数学态度

从数学态度这个素养上来分析，该课主要包括：积极主动阅读问题，并在阅读过程中主动分析问题中的已知量、未知量及数量关系；积极主动将新问题与以往的知识及生活经验建立联系，并在此基础上经过思考与交流抽象概括出数学模型；当面临系数较大的一元二次方程时，积极主动地联想解一元二次方程的经验，合理选择解方程的方法，使数学模型得以顺利求解；在经过解决层层递进的、逐步抽象的问题序列的过程中，获取销售量与售价之间的对应关系，并在突破这一难点的过程中树立学好本课知识的信心，提高学习兴趣；在运用一元二次方程模型解决实际问题的过程中，抽象出数学模型，获得成功的体验，从而提升数学学习的求知欲；在对模型求解所得结果的分析与辨析的过程中，回到问题中去，修正错误，形成严谨求实的科学态度。

可以看到，数学态度这一核心素养，需要以具体的数学知识为载体，以具体的教与学的行为过程及结果为评价的标准。它不是从学生的数学学习中完全独立出来的，但同时又不是空中楼阁，它是可以评价的，是可以通过学生的课堂学习表现来测量的。"数学阅读"作为问题解决的第一个关键环节，不仅需要学生有阅读分析的能力，而且要有阅读的信心与兴趣，而信心与兴趣是建立在学生能进行数学阅读的基础之上的，是学生数学核心素养最基本也是最为核心的要素之一，没有这一要素作为支撑，本课其他素养都将成为"空中楼阁"，都只能是教师的数学学习而不是学生的数学学习。

"能坚持选择合理的方法解模型"，这不仅需要经验，还需要分析与观察能力，需要克服计算困难的信心与毅力，这种态度，也是学习数学的必备品格，在这里可把它划分为数学态度素养的第二层级。"主动地思考与获取数学模型"，不仅需要具备较丰富的数学知识与较强的数学思考与应用能力，而且需要学生具备一种思考、钻研与交流的学习方式与精神，而这种素养，是建立在学生以往的知识经验与认知水平、情感态度的基础之上的，因此把它划分为数学态度素养的第三层级。"检验结果的正确性，发展批判性思维"，这是本课学习的重点之一，而发展批判性思维更是数学教育教学的核心任务之一，它需要的不仅仅是能力，更需要一种精神、一种意识、一种自我提升的观念。这个内容在教学上并不困难，这也是被大部分教师所忽视的主要原因，但从数学教育教学的高度来说，从培养人与发展人的高度来思考，这既是重点也是难点，是核心且是必须渗透的，所以将它划分为数学态度素养的第四层级。

（五）数学思想

从数学思想这一素养上来分析，本课知识蕴含的数学思想主要是模型思想，同时在获取模型的过程中，还运用到从特殊到一般、从具体到抽象的思维方法，在分析、理解与感悟模型的过程中还用到了函数思想。学生对生活中具体现象的理解与体验水平，影响他们的数学化质量，决定学生能否顺利将实际问题转化为数学问题来进行思考。

本课中，学生结合生活的具体经验，初步抽象概括出三个直观的数量关系：①单件商品的实际利润=单件商品的实际售价-单件商品的成本；②实际销售量=原有销售量+变化量（当销售量增加时，"变化量"为正，当销售量减少时，"变化量"为负）；③实际总利润=单件商品的实际利润×实际销售量。再通过引入适当的数学符号，将前面所得的数学模型进行符号化、形式化表示，这不仅需要学生对所学习的数学模型（方程、不等式、函数等）具有较全面的理解，而且需要学生具有良好的运算能力、符号化能力。在上述的三个数量关系模型中，对于学生来说，第二个较为困难，而其中又较为困难的是"变化量"的代数式表示。因此，教学时，常常需要教师举出较为丰富的具体的例子，让学生在解答问题的过程中发现规律，归纳方法，这需要学生具有良好的观察能力、归纳能力等。

从学生数学素养发展的角度来说，单纯从解答该课问题的过程中感悟模型思想，并且运用该课的数学模型来解答相似的利润问题，仍显得有些不足。事实上，数学模型"实际总利润=单件商品的实际利润×实际销售量"，它的本质是一个"A=B×C"型的数量关系模型，这个模型虽然不是正比例或反比例关系，但它与行程、工程等问题的数量关系，在模型的结构上是相似的。因此，如果教学中能引导学生对它们进行分析与辨别，那么对提升学生的解题能力是有帮助的，对提升学生的数学思维水平是有利的。

而且作为属于策略性知识的数学思想，往往"只可意会而不可言传"。数学思想的感悟，不仅与学生的知识水平、能力水平有关，而且与学生的数学学习态度、思维品质等都直接相关。基于以上的分析，数学思想应渗透于数学核心素养的每一层级。当数学思想发挥工具性作用，指导解决具体的数学问题时，它属于一、二、三、四层级，而当数学思想在影响人的思维方式，在人的成长中发挥作用时，属于第五层级。

把初中数学核心素养划分为数学知识、数学能力、数学思考、数学思想、数学态度这五个方面，还有一个重要的原因在于，从一线数学教师的角度来说，这样划分会有一个很好的"抓手"让教师们去把握课堂教学，对课堂教学效益的反思更为容易、直观，从而更有利于数学核心素养的落地。当从数学知识、数学能力、数学思考、数学思想、数学态度去分析、反思每一节课的教学时，就会有一个明确的、实实在在的"抓手"，不仅可以从学科教学的维度上去分析、反思课堂教学，同时更为重要的是，还可以从学科育人的高度去反思课堂教学，促进学科教学向学科教育转变，发挥学科教育在价值引领、思维启迪、品格塑造中的促进作用。

初中数学核心素养虽然分成五个方面，但各个方面之间的关系是你中有我，我中有你，相互融合，共为一体的，它们共同构成了初中数学核心素养这个整体。因此，在实施课堂教学时，并不是在教这个内容时培养这个核心素养，教另一个内容时培养另一个核心素养，而是在每一课的教学中，同时渗透多种核心素养的培养。

四、基于数学核心素养培养的课堂改进策略

（一）同课异构法

顾名思义，"同课"是指相同的教学内容，"异构"是指不同的教学设计。"同课异构"就是选用同一个教学内容，根据学生的实际、现有的教学条件和教师自身的特点，进行不同的教学设计。教师在教学过程中采取同课异构法更符合学生实际，根据不同的学生采取不同的教学方式，能针对性地培养学生数学核心素养，提高学生学习数学的兴趣。教师应用同课异构法时，应具体探讨如何在数学课堂中培养学生的数学核心素养，更好地辨析哪种导入方式、哪种教学方法、哪种教学活动、哪种设问反馈更有利于学生数学核心素养的发展。教师在这一过程中，还能学习不同的教学风格，不断完善自身教学，从而提高课堂质量。

（二）改进听评课

听评课是教师了解和研究复杂的课堂教学的一种主要方式，也是发现问题、解决问题的一种有效途径。在每一个基于数学核心素养的课堂教学改进案例的实施过程中，都会有多次的听评课环节。在听评课中，教师通过观察，对课堂运行情况进行记录、分析和研究，在此基础上谋求学生课堂学习效果的改善，以进一步培养学生的数学核心素养。

在课堂教学改进项目的实施过程中，要求改进团队带着明确的关注点进行观课，将授课教师的课堂教学过程细化，收集有效课堂信息，对数学课堂教学进行理性分析和研究，从中发现课堂教学中存在的问题，使教学改进建议更具有有效性。在课堂观察中，改进团队不能只关注教师的课堂教学行为，更应关注学生的课堂表现。这是因为数学课堂教学改进的目标是提升学生的数学核心素养，教师的教学活动是为了学生的学，最终要落实到学生身上。改进团队根据教师的课堂教学情况，提出针对性建议，能使学生更为积极地思考。应带着关注点来听评课，每位教学改进的成员在评课时都有话可说，所提改进建议具有很强的针对性，而且也令授课者信服，容易接受改进建议。这种详细的分析，让授课教师觉得这对改进教学设计和改变一些不良的教学习惯有很大的帮助。同时，这种方法也像给了教学改进团队的每位成员一面"镜子"，促进大家去积极发现自己的优点，反思自己的不足。

（三）持续跟踪记录

基于数学核心素养培养的课堂教学改进是一个长期的过程，需要培养数学教师的课堂教学改进意识，形成一套自身的改进方法，并将这种改进意识和方法长期运用到数学课堂教学中。采取跟踪记录，改进成果策略，教师能将改进过程中的每一次教案、学案等材料按顺序保存下来，并将每次改进的原因、改进的措施、改进实施中的收获和困惑、教师和学生的变化、改进团队的建议等记录下来。

在这样一个持续跟踪记录的过程中，促进教师形成一种改进意识，通过不断反思学生的学习表现和教师的教学行为，将一些好的改进方法固化下来，应用于以后的课堂教学实施，从而更好地培养学生的数学核心素养，促进教师的专业化成长。教学改进研究是教学研究中永恒的话题，培养学生的数学核心素养是教学改进过程中的焦点。在这一过程中，学生数学学科能力的前后测评是依据，教学关键事件的分析与改进是核心，教师数学专业素养的提升是根本保障。

第三章　基于核心素养的初中数学探究式教学

初中数学课堂教学应创设一种符合学生认知规律的、轻松和谐的学习氛围，应该鼓励学生自主探究和合作交流，并不断地自我反思，最终能灵活解决数学问题。

第一节　探究式教学的内涵阐释与要素

不论是实证研究还是理论探讨，研究数学探究式教学的前提条件是准确阐释说明教学模式和探究式教学的概念，揭示探究式教学的本质属性。在此基础上，还应对探究式教学的特征、途径等问题做出分析，进而构建数学探究式教学的理论结构模型。这些研究既是理论研究的重要组成部分，也是实证研究的前提条件。

一、教学模式

1972 年，美国学者布鲁斯·乔伊斯（Bruce Joyce）和玛莎·韦尔（Marsha Weil）合著出版了《教学模式》一书，系统地介绍了各种教学模式。关于教学模式的思想可以上溯到夸美纽斯（Jan Amos Komenský）、赫尔巴特（Johann Friedrich Herbart）等人，特别是赫尔巴特提出的"明了—联合—系统—方法"教学模式以及后来由莱因（Wilhelm Rein）等人修订完成的"五段教学法"，它们作为传统教学的经典模式一直沿袭至今。

（一）教学模式的内涵

教学模式指在一定教学思想或教学理论指导下建立起来的较为稳定的教学活动结构框架和活动程序。教学模式既是教学理论的具体化，又是教学经验的一种系统概括。教学模式是实施教学的一般理论框架，是教学思想与教学规律的反映，它具体规定了教学过程中师生双方的活动、实施教学的程序、应遵循的原则及运用的注意事项，是师生双方教与学活动的指南。从教学实践来看，教学模式是将教学方法、教学手段、教学组织形式融为一体的综合体系，它可以使教师明确教学活动中应先做什么、后做什么，先怎样做、后怎样做等一系列具体问题，把比较抽象的理论转化为具体的操作性策略，教师可以根据教学实际需要选择运用。

（二）教学模式的结构

教学活动存在于一定的空间和时间之中。在空间上表现为根据一定的教学理论、教学目标，教师与学生在教学活动中的地位及相互关系。在时间上表现为如何安排教师、学生教与学的活动。教学模式的结构是指构成教学的诸要素及其相互关系。这些要素包括教学理论、教学目标、操作程序、师生角色、教学策略、评价。

教学理论是建立各个教学模式的理论基础，它为教学模式提供理论依据，使人们能了解该模式的来龙去脉，它渗透或蕴含在模式的其他各个要素中，如罗杰斯（Carl Ransom Rogers）的非指导性教学模式是以人本主义心理学（强调个人经验的基础及情感体验学习与认知的结合）为依据。教学模式是为达到特定的教学目标而设计的。

教学目标指的是模式所能达到的教学结果，是教育工作者对某种教学活动在学生身上将产生的效果所作出的预先估计。教学目标可谓是教学模式中的核心因素，决定着模式的操作程序、师生活动的比例及评价的标准。

各种教学模式都有其操作程序，它具体确定教学中各步骤应完成的任务，师生先做什么、后做什么等。操作程序的实质在于处理好师生针对教学内容在时间序列上的实施。赫尔巴特教学模式的操作程序为"明了—联想—系统—方法"四个步骤，杜威实用主义教学模式的操作程序为"情境—问题—假设—解决—验证"。

教学活动犹如表演活动，教师与学生在操作程序中担任着不同的角色，它体现了师生在教学活动中的地位，解决师生先怎样做、后怎样做等问题，使教师主导与学生主体统一起来。

教学策略是用来表示为达到某种预测效果所采取的各种教学行动的综合方案，它是实施教学过程的基本依据。它根据特定的教学条件和需要，给学生制定提供教学内容、引导活动的最有效率的方式、方法，它规定了模式的具体操作要领，以保证模式在实施过程中的可靠性。

任何一种教学模式都不是万能的，它们都有其适用的教学情境，由于不同的教学模式所完成的教学目标、使用的操作程序和所运用的策略不同，评价的方法和标准也不尽相同。

（三）教学模式的特点

教学模式的特点有指向性、操作性、完整性、稳定性和灵活性。由于任何一种教学模式都围绕着一定的教学目标设计，而且每种教学模式的有效运用也需要一定的条件，因此不存在对任何教学过程都适用的普适性模式，也谈不上哪一种教学模式是最好的。评价最好教学模式的标准是在一定的情况下能够达到特定的目标。在选择教学模式时必须注意不同教学模式的特点和性能，以及教学模式的指向性。教学模式是一种具体化、操作化的教学思想或理论，它把某种教学思想或理论中核心的部分用简化形式反映出来，为人们提供了一个比抽象理论具体得多的教学行为框架，具体规范了教师的教学行为，使得教师在课堂上有章可循，便于教师理解、把握和运用。教学模式是教学现实和教学理论构想的统一，所以它有一套完整的结构和一系列的运行要求，体现在理论上的自圆其说和过程中的有始有终。教学模式是大量教学实践活动的理论概括，在一定程度上揭示了教学活动的普遍性规律。一般情况下教学模式并不涉及具体的学科内容，只对教学起着普遍的参考作用，具有一定的稳定性。但是，教学模式是依据一定的教学理论或教学思想提出来的，而一定的教学理论和教学思想又是社会的产物，因此教学模式总是与一定历史时期的社会政治、经济、科学、文化、教育的水平相联系，受到教育方针和教育目的的制约，所以这种稳定性又是相对的。作为并非针对特定教学内容体现某种教育理论又要在具体的教学过程中进行操作的教学模式，在运用的过程中必须根据学科特点、教学内容、现有教学条件和师生具体情况进行方法上的调整，以体现其对学科特点的主动适应。

二、探究式教学

在教学中使用探究式教学的渊源应追溯到古希腊哲学家苏格拉底的问答式教学法，而将探究作为教学思想引入教育界的，应首推美国教育家杜威（John Dewey）。1961 年，美国教育家施瓦布（Joseph J.schwab）明确提出了探究式教学方法，主张不能把科学知识当作真理教给学生，而是作为有证据的结论。教师应当用探究的方式来传授知识，学生也应当通过探究活动开展学习，也就是要通过自己的体验来学习科学的概念和原理。我国自古就有探究教学思想，如春秋时期教育家荀卿倡导学以致用，提出了闻、见、知、行的教学要素；《礼记·中庸》中的"博学之，审问之，慎思之，明辨之，笃行之"也体现了探究教学的理念。探究是教学的生命线，教师要引导学生探究，激发他们的求知欲。我们的教学对象是初中学生，他们的逻辑推理思维能力、分析综合能力在不断发展，敢于求异，创造性思维和发散思维的心理倾向更为明显，探索式教学正是顺应了学生的这种心理特征。

（一）探究式教学的内涵

探究式教学，又称作中学、发现法、研究法，是指学生在学习概念和原理时，教师只是给他们一些事例和问题，让学生自己通过阅读、观察、实验、思考、讨论、听讲等途径去探究、发现并掌握相应的原理和结论的一种方法。它的指导思想是在教师的指导下，以学生为主体，让学生自觉地、主动地探索，掌握认识和解决问题的方法和步骤，研究客观事物的属性，发现事物发展的起因和事物内部的联系，从中找出规律、形成概念，建立自己的认知模型和学习方法架构。可见，在探究式教学的过程中，学生的主体地位、主动能力都得到了加强。探究式教学的本质就是在教学中充分发挥学生的主体作用，使学生充分参与和体验由未知到已知的过程，并在这一过程中使学生的各种素质得到全面和谐的发展。

探究式教学的本质特征是不直接把构成教学目标的有关概念和认知策略告诉学生，取而代之的是教师创造一种智力和社会交往环境，让学生通过探索发现有利于开展这种探索的科学内容要素和认知策略。由学生自己亲自制订获取知识的计划，能使学科内容有更强的内在联系，更容易理解，教学任务有利于激发内在动机，学生认知策略自然获得发展。同时，在这个过程中，学生还认识到能力和知识是可变的，从而把学习过程看作是发展的，它既要以现有的学习方法为基础，又要不断地将其加以改进。

（二）探究式教学的目标

探究式教学不仅重视知识的获得，而且重视获得知识的过程，更加注重学生的自我学习。通过实施探究式教学，可以实现以下教学目标。

（1）教师通过精心设计教学，不仅让学生收获一个科学的结论，而且使学生领略到科学家发明和创造的过程。学生通过独立解决问题，能从解决问题本身体会到学习与创造的乐趣，促使外部动机向内部动机转化（从"要我学"变为"我要学"），内部动机成为进一步探索知识与问题的动力；学生通过多方面的探究，就能把学习归纳为一种探索的方式，形成积极的探究态度。这样可以培养学生对科学的兴趣，激发学生探索问题的求知欲。

（2）以过程为导向，充分显示学生的思维过程，注重思维的过程甚于思维的结果。在分析问题的过程中，需要提出假设，假设的形成往往是非常短暂的，一般有两种思维在起作用：直觉思维和逻辑思维，直觉思维往往先于逻辑思维。在提出假设之后，需要收集资料来验证假设，需要有一定的能力和收集资料的方法才能有效地验证假设正确与否，假设能否接受需要进行逻辑性的推理，需要进行批判性的思考，从而培养学生的批判性思维能力。同时，在解决问题的过程中，通过及时发现问题，培养学生发现问题的能力，可以提高学生提出问题的能力。鼓励学生创造性地解决问题，这样可以培养学生多角度、多方位、发散与集中有机结合，综合思考的习惯，从而培养学生以发散性思维为主要特征的创造性思维能力。

（三）探究式教学的特点

可以说，开展探究式教学就是为学生进行探究学习创造条件，使学生在主动参与获得知识的过程中，探究能力得到培养，形成探究未知世界的科学精神和科学态度。与非探究式教学相比，探究式教学具有以下特点。

1.以培养科学素养为目的

探究式教学的根本目的不是把少数学生培养成科学精英，而是要将学生都培养成有科学素养的公民。所谓科学素养，是指了解和深谙进行个人决策、参与公民事务和文化事务、从事经济生产所需要的科学概念和科学过程。

科学素养还包括一些特定门类的能力。具体来说，它包括科学知识、科学方法、科学态度和科学精神。探究式教学就是要让学生以能动的方式在学习科学的过程中，掌握科学知识和科学方法，养成科学态度和科学精神。这种教学要求学生亲自动手动脑，而不是教师做给学生看。学生需要描述过程、提出问题、参与解决问题、参与计划、参与小组讨论等。

2.既重视结果，又重视知识的获得过程

培养学生的科学素养不是靠死记硬背获得科学知识，而是在能动地探究的活动过程中获得科学知识。因而探究式教学高度重视学生获得知识的过程，把学习方法和科学探究的训练放在极为重要的位置。当然，探究式教学并不是轻视知识，更关键的是要在掌握知识、完成作品的过程中得到科学思维、方法技能的训练，以及科学精神的养成。也就是说，探究式教学注重掌握调查、观察、实验等科学研究的方法和技能，即使它需要凭借学科教学或必修课程来进行，但它不是过去那种单纯传授知识的教育。在探究式教学过程中，学生虽然必须掌握某些知识或技能，但更为关键的是要对所学的知识有所选择、批判、解释和运用，从而有所发现和创造。

3.重视应用

学以致用是探究式教学的又一基本特征。探究式教学重在知识技能的获得和应用，而不在掌握知识的数量。美国教育心理学家加涅（Robert Mills Gagne）将学习分为 8 个层次，其中最后 3 个层次是概念学习、规则学习和问题解决学习。加涅认为探究式学习主要属于这 3 个层次，尤其是问题解决学习。也就是说，探究式教学的目的是培养学生运用科学知识解决实际问题的能力。探究式教学虽有发现的特点，但在学习内容上，其侧重点在问题解决，所要解决的问题一般是具体的、有实际意义的。由于解决问题的途径多种多样，答案也不只一种甚至根本没有最佳答案，因而学生在解决问题的过程中，能够领悟科学的暂时性和发展性。从应用性的基本特点出发，探究式教学还带有综合性的特点，即学生面临的问题往往是复杂的、综合性的，需要综合应用多方面的知识才能予以解决。

4.重视全体参与

探究式教学提倡全体学生的积极参与，它有别于培养少数天才儿童的精英教育。探究式教学不仅重结果而且更重过程，它要求每个学生都积极参与到探究的各种活动过程中，以提高自己的创造意识和能力。在探究式教学的过程中，教师可根据学生的现有探究能力水平和个性特点，制订合适的探究活动计划，实现个人的研究目标。全体参与的另一个含义是共同参与，探究式教学的组织形式是独立学习与合作学习的结合，其中小

组合作学习占有特别重要的地位。由于探究式教学是围绕问题的解决来开展活动的，而问题往往是综合性的复杂问题，因此学生需要依靠集体的力量进行分工合作。合作既是教学的手段也是教学的目的，通过合作学习与探究，学生可以取长补短、相互促进，从而提高探究效率。

（四）探究式教学的原则

根据探究式教学的特点，在实施过程中应遵循以下几个基本原则。

1.情境化原则

探究式教学往往是从问题的发现开始的，教师要充分考虑学生的年龄特征和心理特点，按照学生的认知特点，围绕教学内容设计出阶梯式的系列问题，创设思维环境，把学生的思维带到最近发展区，让学生在惊讶和好奇中去发现问题、解决问题。通过激发学生探究问题的兴趣，让学生扮演好解决问题的角色，从而获得积极的情感体验。

2.差异性原则

在课堂教学中，学生的独特性是客观存在的，不同的学生有不同的成就感、学习能力倾向、学习方式、兴趣爱好及生活经验。在探索的过程中，要鼓励与提倡解决问题策略的多样化，尊重学生在解决问题中所表现的不同水平。要尽可能地让所有学生都能够主动参与，让学生提出各自解决问题的方法，并引导学生在与他人交流中选择合适的策略。同时，应根据具体的年龄特点，分阶段培养学生的探究能力，教师应采用多层次的评价手段来正确地引导和促进不同学生探究能力的发展。

3.主体性原则

要以发展学生的主体性为中心组织教学。教学策略要以启发学生自主探究、自主学习为主，让学生主动参与活动，亲身体验知识产生和发展的过程，让学生真正成为学习的主人。在整个实践与研究中要充分尊重学生的主体地位，发挥学生的主观能动性，注重学生的自我发展和互相启发。强调学生的主体地位和主动性，同时提高对教师的要求。教师应成为探究活动的设计者和活动过程的引导者与组织者。教师要努力寻找教育对象与教育内容之间最佳的结合点，研究学生的思维方式和解决问题的思维习惯，将各种间接经验转化为学生生活情境中的直接经验，使学生能够将直接经验与所学的知识结合，力求在此基础上进行创新。

4.开放性原则

采用自学、讨论、辩论等形式教学，尽量设计和提出一些开放性问题，让学生充分思考、想象和表达。组织学生广泛开展调查、收集信息，尊重个人差异和独创见解，鼓励学生发表新颖的想法，为学生的活动、表现和发展提供自由、广阔的空间。

　　5.面向全体学生，主动发展的原则

　　发展的主体是发出主动行为的学生，学习是学生通过主动行为而发生的，学生的学习取决于自己做了些什么，而不是教师教了什么。学生学习的主动性主要表现为主动构建新知识，积极参与交流和讨论，并不断对自身的学习进行反思，改进学习策略。在教学设计中，确定教学要求时要注重知识与技能、过程与方法、情感态度与价值观三个维度的教学目标，应面向全体学生，尊重个体差异，始终坚定每个学生都能成功的信念，充分发挥每个学生的最大潜能，满足各种水平学生的发展需求，使教学过程更能满足个性发展的需要。

三、探究式教学的要素

　　探究式教学就是学生在教师的指导下，以学生自主学习和合作学习为前提，以现行教材为基本探究内容，从自然、社会和生活实际中主动地获取知识、应用知识解决问题的一种教学方式。探究式教学的影响要素有很多，不同的标准有不同的划分方法。下面从教师因素、学生因素、探究内容和探究环境四个方面分别进行阐述。

　　（一）教师因素

　　课堂探究效果的好坏在很大程度上取决于教师对探究式教学的观念和态度、知识储备、教学情绪。教师在课堂教学中提倡平等、民主，给予学生自主探索、自由交流的权利，其教学方式就倾向于探究式教学；讲求统一规划，对课堂严格控制的教师则很少尝试探究式教学。

　　1.教师的教学观念

　　教师的教育观念对实施探究式教学有很大的影响，教育观念对探究式教学有指导作用，是其基础和内在依据。总体而言，教师对科学本质的认识，对科学教学原理的理解在很大程度上决定了会给学生怎样的教育，即教师的观念决定教师选择教学任务、教学方式、评价方式，直接影响学生对知识的获取与理解。

2.教师教学效能感

教师教学效能感是多种成分的整合。就本质而言，它是能力也是信念。教学效能感使教师深信自己有能力帮助和影响学生，激发学生的学习兴趣；同时，教学效能感也是教师个人信念的重要因素，它影响教师的教学行为，使教师坚信自己能够改变学生，引导学生正向发展。从成分上看，教师教学效能感包括认知和情感两部分，这使得教师教学效能感兼具稳定性和可变性。就教学效能感的核心内容来看，教师教学效能感反映了教师对所从事的职业的主动性、积极性和创造性，以及教师对教学工作的关注、投入程度和面对困难时克服困难的坚持程度。

3.教师控制点

教师控制点是指教师将学生的好或坏的学习表现归为外部或内部原因的倾向。有些教师倾向于内归因，他们认为学生的成败更多在于教师自身的因素，教师能够控制或至少能够强烈地影响学生的成就和动机。而有的教师则倾向于外归因，他们认为学生成绩的好坏更多是取决于学生的能力、客观条件等因素，自己无法或很难影响、控制学生的学习动机和行为。教师持哪种控制点对其教学活动及学生的成绩有着显著的影响。一般来说，持内归因的教师会主动调整自己的教学，采用积极的态度和行为去影响学生的学习活动，结果可能会进一步促进学生的发展；持外归因的教师则可能会倾向于怨天尤人、听之任之，结果可能会使学生更消极甚至放弃学习。

4.教师的教学情感

教师的教学情感是指教师是否热爱教学工作，是否能够公平地对待学生，以及教学工作成功与否等内心体验，具体表现为教学情绪。课堂教学是师生双方有意识地教与学的交互活动，学生必然会受到教师教学情感的影响。积极、愉快的教学情绪会提高教师的教学主动性，使教师主动投入教学过程中，对教学起到推动作用；而消极、倦怠的教学情绪则会导致教师无心教学，阻碍教学活动的顺利进行。此外，教师的教学情绪对课堂的教学氛围起着决定性的作用。教师高涨的教学情绪能够感染、唤醒、激发学生的学习热情，让学生主动投入学习；而教师消极的教学情绪会使整个课堂的气氛变得低沉，会把学生已有的学习热情扑灭，学生无法提起学习兴趣。教师的教学情绪是教学成败的关键因素之一。

5.教师的知识储备

当代教师的知识结构是呈动态的、随社会的发展而变化的，就当前数学教育的要求而言，教师知识结构的内容至少包括人文素养、科学素养、数学学科知识、信息技术知识、教育学和心理学知识五个方面。

　　6.科研能力与经验

　　教师的教育科研能力是教师能力较高层次的表现，是一种高级的源于教育实践而又有所超越和升华的创新能力。具体指教师应当具有扎实的教育教学理论，有收集、利用和处理信息的能力，有一定的文字表达能力，有开拓创新的精神、严谨的治学态度、执着的奉献精神等。如果教师自己尚不会探究，又如何指导学生学会探究呢？因此，十分有必要加强教师科研能力的培训。

（二）学生因素

　　教学的对象是学生，与传统教学相比，探究式教学强调学生在教学中的主体地位，学生是影响探究式教学的重要因素之一。加涅认为，开展有效的探究式教学必须满足以下三个基本要求：第一，要有能提高学生探究技能与策略的专项练习，且这些技能与策略能迁移到其他情境中；第二，学生要有广泛的、概括化的背景知识，如果学生对某个问题一无所知，便不能作出相应的、方向正确的思考；第三，学生要具有辨别好坏假设的背景知识。学生在探究学习时必须具备这些因素：首先，有明确的学习目的。明确的学习目的是学生主动学习的动力，也是学生学习道路上的"启明星"，为学习指明了方向。其次，做学习的主人。只有学生成为学习的主人，将学习归为自己人生的重要部分，才会积极主动地探索知识，才会对自身的认知结构和方式进行调整。最后，要掌握基本的学习策略和学习方法。只有掌握了基本的学习策略和学习方法，学生才知道如何进行探究学习。

（三）探究内容

　　现代心理学研究成果和教学实践表明，并非所有的内容、任意的材料都适用于探究式教学。过于简单的内容不能引起学生的学习兴趣，也无须通过探究发现，只需要用现有的认知结构和方式去吸收就可以掌握了；而难度较大的探究内容，容易使学生在探究过程中产生厌烦等负面情绪，丧失积极性，不利于教学的开展和学生能力的培养。开展探究式教学要想让学生有话可说，有理可辩，探究问题的选择就应该是精心策划、深思熟虑过的，而不是信手拈来、随随便便的，问题的选择要有可挖掘的内涵和探究的空间。课本上早有定论且能力要求较低的内容不适宜开展探究，一些陈述性知识如体现名称、事实等方面的内容采用接收阅读等方式就能较好掌握。探究内容的选择十分重要，它直接影响教学效果和学生能力的培养。

（四）探究环境

探究环境是探究式教学顺利开展的重要条件，良好的探究环境由时间、空间和学习材料组成。

首先，探究式教学的顺利进行必须要有充足的时间。探究式教学是学生通过自己探究来获取知识，学生在进行探究学习时需要充足的时间思考、分析，需要充足的时间去验证自己的假设、猜想，需要充足的时间相互探讨、交流，这与传统的直接传授知识或机械记忆学习相比需要耗费大量的时间。

其次，探究式教学需要灵活的探究空间。探究式教学不同于传统教学只局限于课堂、教室，为确保学生无论进行何种探究活动都能安全、顺利地完成，教室、实验室及各种设施的安排必须科学、灵活，这样才能保证探究活动的实施和活动结果的质量。

再次，有效的探究式教学还必须有多种多样的学习材料。探究式教学的实施需要学习材料、科学设备和先进的教学手段。教师要熟悉各种教学材料，使自己能够决定在何时、何种场合选择最合适的材料，并用最恰当的方式去使用。

最后，教师要积极引导学生自主地从图书馆、网络、书刊等渠道获取所需要的探究材料。

四、探究式教学的条件

初中学生具有探究问题的天性，当初中学生处在一个感到困扰的环境时，就会本能地开始探究，这就是初中数学教学探究活动的起源。探究是人类最基本的学习方法。现代教育学、心理学研究表明，学生学习过程本身具有发现的性质，但这并不等于说学生的学习过程必然会成为探究发现的过程。实际上，学生的学习过程只有在一定条件下才可能成为探究的过程。探究式教学的开展必须具备以下几个条件。

（一）一定难度的学习对象

探究式教学的条件之一是学习材料应具有一定的难度。学生要想真正掌握、内化这种学习材料，必然要经过一番探索，并有所发现。所谓具有一定难度的学习材料，是指学生现有的认知结构和认知方式无法直接内化吸收的学习材料。所谓内化，是指学生已将外在的知识客体内化到自己已有的认知结构之中，使知识客体与自己已有的认知结构建立了内在的、有意义的联系。在学习具有一定难度的学习材料的过程中，学生要根据自己的学习目的和知识客体的特性，操纵知识客体，同时对自身的认知结构和认知方式进行调整、改造和变革，以便在知识客体和自身的认知结构之间建立内在的联系，从而将外在的知识真正内化到自己已有的认知结构之中。学生对自身已有认知结构和认知方式调整变革的结果，实际上就是形成新的认知结构和认知方式。可见，一定难度的学习对象客观上要求学生去努力探索，积极研究，即采用探究式学习方法加以内化。

（二）一定的知识做基础

20 世纪 60 年代的探究式教学由于过分强调过程，因而使人误以为探究式教学不需要知识或轻视知识的掌握，学生只需要具备一定的科学探究方法和能力就行了。事实上，内容与过程、科学知识与科学探究是密不可分的。掌握知识是发展探究能力的基础，一定的探究能力又是掌握知识的条件。在探究式教学中，作为知识的基本概念的存在是必不可少的。杜威早就意识到，探究离不开知识，任何知识的学习，既是为某一理论提供依据，又是形成新理论的条件。知识绝不是固定的、永恒不变的，它是作为另一个探究过程的一部分，既作为这个过程的结果，同时又作为另一个探究过程的起点，始终有待再考查、再检验、再证实，如同人们始终会遇到新的、不确定的、困难的情境一样。

（三）融洽的课堂气氛

融洽的课堂气氛是探究式教学的重要条件，因为只有在民主的、轻松愉快的课堂气氛中，学生才能独立地探索、大胆地发表见解，并在这个基础上自主探究和自由创造。如果教师不去设法在学生身上形成这种情绪高涨、智力振奋的内部状态，那么知识只能引起一种冷漠的态度，而不动感情的脑力劳动只会带来疲劳。任何压服、抑制、独断的行为都将抑制学生探究的欲望和创造的萌芽。这就要求师生间应形成民主化的师生关系。师生关系的民主性突出表现在：教师尊重学生，听取学生意见，虚心向学生学习；学生尊重教师，接受教师指导，同时敢于提出自己的见解。为形成这种师生关系，教师要把教学看作自己与学生平等相处、互相协作、共同劳动、共同探究的过程，尊重、信任学生，给予学生自尊、自信，与学生建立一种平等、民主、亲切、和谐的关系，使学生身心处于最佳最活跃状态，心情舒畅地投入课堂，勇于探索、勇于思考、勇于创造。

（四）创设问题情境

既然探究式教学是以解决问题的形式出现，那么在有意义的探究式教学中，教师首先必须把学生要学习的内容巧妙地转化为问题情境。经验表明，教师设置的问题情境要具备目的性、适应性和新异性。目的性指问题总是针对一定的教学目标而提出来的，目标是设问的方向、依据，也是问题的价值所在；适应性指问题的难易程度要适合全班学生的实际水平，以保证使大多数学生在课堂上都处于思维活跃状态；新异性指问题的设计和表述具有新颖性、奇特性和生动性，以使问题具有真正吸引学生的特征。这样的问题才会成为吸引学生思维和感知的对象，从而在学生心理上造成一种悬而未决但又必须解决的求知状态，实际上也就是使学生产生问题意识。问题意识会激发学生强烈的学习愿望，从而将注意力高度集中，积极主动地投入学习。问题意识还可以激发学生勇于探索、创造和追求真理的科学精神。没有强烈的问题意识，就不可能激发学生求知的冲动和思维的活跃性，更不可能开发学生的求异思维和创造思维。

总之，教师要创设一定的问题情境，使学生产生相应的问题意识，学生只有意识到问题的存在，才会着手探索和解决问题。

（五）良好的探究环境

时间、空间和学习材料是探究式学习环境的重要组成部分。充足的时间、广泛的空间和丰富的学习材料有利于探究的开展和深入。教师在这些学习资源的准备、安排和利用方面起着重要作用，教师应尽力争取和利用一切可能的资源，为探究式教学营造一个良好的环境。

五、探究式教学的理论基础

探究式教学是在借鉴科学研究方法的基础上，结合教学法特征所创造的教学方法。科学史和科学哲学从历史和哲学的高度揭示了科学发展的规律和方式方法，构成了探究式教学的科学基础。现代认知心理学、奥苏贝尔的有意义学习理论、建构主义心理学揭示了在探究式教学环境下学生个体心理发生、发展的规律，为探究式教学奠定了心理学基础。现代教育学深刻揭示了教育必须构建和发挥学生的主体性，必须为学生的终身发展服务，为探究式教学提供了教育学的依据。探究式教学以问题解决为中心，注重学生的独立活动，着眼于学生思维能力的培养。探究式教学注重学生的前认知，注重体验式教学，注重培养学生的探究和思维能力。教学的基本程序是：问题—假设—推理—验证—总结—提高，即首先创设问题情境，给学生提出要解决或研究的课题；然后组织学生利用有关材料，对提出的问题作出各种可能的假设和答案；再从理论或实践上检验假设。学生如果有不同观点，可以展开争辩，最后对结论作出补充、修改和总结。总体来说，探究式教学是建立在科学、心理学和教育学基础之上的，并且随着理论研究的不断深入，关注学生的主体性已成为探究式教学的共识。

（一）弗赖登塔尔的"再创造"教学理论

荷兰数学家和数学教育家弗赖登塔尔（Hans Freudthal）认为"再创造"是数学教育方法的核心，学生通过自主分析探索、掌握内化，由此"发现创造"一般规律，才是学习数学正确的、科学的、富有成效的方法。常识不一定是数学，常识要转化为数学，首先必须经过分析验证，细化凝练成一定的规则。这些规则成为更高层次的常识，再次细化、组织，不断循环，以至于无穷。基于这种认识，教学的出发点应该由教向学转变，从学生的层面出发，将传统的"教师演示"发展为"学生实践"。"再创造"是以学生为主体教学方式的最适合方法，由学生本人主观地、能动地去创造，去提升，教师处于引导地位，通过合理组织设计去帮助学生进行活动，而不是"填鸭式"的灌输。"再创造"的教学是指教师不应该教给学生各种规则、规律，而应针对学生的发展水平，结合社会生活，确定适当的探索主题，引导学生自主探索，去发现各种定理或者"创造"各种运算法则。对于学生自主学习意识的发展和数学思维能力的提高，"再创造"教学的作用是显而易见的。以学生当前数学发展水平为基础，合理创设并引入探究内容，激发学生的学习兴趣，鼓励其大胆猜测，发挥推理验证的作用，这样能够提高学生的数学思维能力，培养学生的探究精神。这些思想为探究式教学提供了一定的实践指导。

（二）终身教育理论

法国教育家保罗·朗格朗（Paul Lengrand）认为，终身教育"是一系列很具体的思想、实验和成就，换言之，是完全意义上的教育，它既包括教育的所有方面、各项内容，从一个人出生的那一刻起一直到生命终结的不中断发展，又包括教育各发展阶段、各个关头之间的有机联系"。1972 年，联合国教科文组织国际教育委员会表达了类似的认识，认为终身教育"变成了由一切形式、一切表达方式和一切阶段的教学行动构成的一个循环往复的关系时所使用的工具和表达方法"。简单地说，终身教育就是贯穿一个人生命过程的全部教育。

在教育领域中出现了若干与终身教育有关的趋势，即面向成人的趋势、面向儿童的趋势、重视扫盲教育的趋势等。终身教育论者认为，教育是一个统一的连续不断的过程，并不是随着学校学习的结束而结束，而应该贯穿于个体生命的全部过程。从横向方面说，教育促进每个人身体、智力、情趣、社会性等方面的和谐发展，开发人的潜能，使其适应、理解生活；从纵向方面说，教育贯穿于个体的一生。在教育目的上，终身教育不以获取知识作为主要目标，而是把重点放在个人的发展上。因为人是主宰社会进步与发展的原动力，是社会物质财富和精神文明的创造者，重视人的发展，就是推动社会发展。在教育方法上，终身教育论者认为终身教育不仅仅是正规教育阶段的延伸，更有其独特的内容与方法。人们再也不能一劳永逸地获取知识了，而需要终身学习，最终建立一个不断演进的知识体系——学会生存。这就要求人们要学会学习，即掌握方法。总的来说，终身教育是一种内容广泛的教育思想。特别是强调教育的目的是要发展学生的个性和帮助学生学会学习、掌握学习方法、培养学习能力，强调教育与社会相联系，为探究式教学提供一定的理论依据。

总之，无论是哲学、心理学还是教育学，它们的许多思想都为探究式学习和探究式教学提供了一定的理论基础和实践指导。我国当前的教育教学向探究式教学发展是教育改革和发展的必然趋势。

第二节　初中数学探究式教学的价值

美国教育心理学家布鲁纳（Jerome Seymour Bruner）曾精辟地指出："所谓知识，是过程，不是结果。教师的作用在于鼓舞和指导学生去发现，教学过程是一种在教师指导下展开的具有严密学术性的创造性活动。"探究式教学必将促进传统教学方式的转变，促进素质教育、创新教育和科教兴国的实现速度。以探索为特征的初中数学探究式教学，从自主实践到理论形成，从特殊事例到一般规律，从具体现象到抽象思维，从局部概念到整体构建，推动学生建立和完善知识结构，促进学生体验问题解决的快乐，训练学生掌握全面辩证分析问题、解决问题的方法。这样不仅培养了学生的团队意识和协作精神，而且营造了和谐的师生、同学关系，为提高学生的综合素质、学生的可持续发展奠定了坚实基础。

一、增强学生学习数学的自信心

传统的授受式教学主要是学生被动接受外界的知识和信息。这种机械的、单调的模仿久而久之会使很大一部分学生失去学习数学的兴趣，甚至害怕数学。兴趣是学习的源泉，而探究式教学可以让学生看到数学问题被发现、解决的过程，使学生像数学家一样"再创造数学"，从而感到自己是一个发现者、研究者、探索者。教师创设问题情境，使学生明确目标和思维方向，进而产生强烈的探索欲望，给思维以动力。设计问题情境时，力求体现障碍性、趣味性、开放性、差异性、实践性。对于问题情境中所隐含的问题，不是简单地直接提出，而是让学生在学习实践活动中自己去发现、去提出。学生自己发现问题更贴近其思维实际，更能引发其进行探究，从而使学生的探究活动进行得更好、更有价值。学生在亲身体验环境的过程中将不断获得喜悦与成功，深信自己的智慧和力量。这种内心深处自信心的增强，将对学生以后的学习与发展产生深远的影响。教师通过适时启发、引导和鼓励学生对数学问题进行大胆质疑、猜测，改变了学生在教学中的被动地位，使学生的自主性、能动性和主体性得到充分的发挥和展现，最终使学生克服厌学心理，提高学习数学的兴趣，增强学习数学的自信心。

二、促进师生之间的情感

在初中数学课堂实施探究式教学，能够让学生通过各种探究方式对自己的潜能和周围世界有深刻感悟，从而使学生的情感、心灵得到充分发展。在探究过程中，教师深入学生中共同完成教学目标，这时候教师是学生的合作者、支持者、欣赏者，是探究活动的组织者、引导者、指导者，学生会从内心深处感到师生之间的距离不再遥远。合作探究能促进学生之间的思想情感交流，培养团结协作精神，构建民主和谐气氛，养成良好的个性品质。另外，探究式教学还有利于面向全体学生，有利于尊重个体差异，让每个学生都有探究的时间和空间，让每个学生都能获得成功的体验。通过学生亲自体验探究过程，促使学生养成独立思考、合作探究、自我建构的习惯，有利于培养学生形成正确的情感态度和价值观，建立和谐轻松的师生关系。

三、有利于突破教学重点难点

传统的教学往往在重点、难点的突破上花费大量的时间与精力，教师讲得口干舌燥，学生也可能没有完全掌握，反而会使学生产生厌烦、厌学的情绪。而探究式教学能改善学生认识事物的途径与方法，因为它可以展现事物的发展变化过程，从而有效地揭示事物的本质属性，并把启发、想象、探究、发现等教学方法加以综合运用，促进学生对信息的有效加工，使重点得以突破、难点得以化解，进而提高教学效率，收到事半功倍的效果。个体探究的目的不仅在于获得数学知识，还在于让学生在探究的过程中学习科学探究的方法，从而增强学生的自主意识，培养学生的探索精神和创造能力。再完美的模仿毕竟是模仿，有缺损的创造也是创造，要创造、要发展不能一次求完美，只能一步步前进和发展。例如，在讲勾股定理的证明时，可以先让学生了解人们发现勾股定理的历史，然后再介绍这个定理的许多名人证法，最后证明勾股定理在平面几何中的重要性，并让学生自己尝试给出定理的证明。这种引导学生进行数学的"再创造"也是培养学生创新意识的途径和方法，通过这种探究过程也可了解一些数学研究方法。比如，观察—猜想—特例验证—严密证明结论—推广结论，这种研究方法对学生今后的学习、工作将产生深远的影响。

四、有利于培养学生的创新意识

创新是一个民族进步的灵魂，是国家兴旺发达的不竭动力。展望世界，国际竞争实质上是国民素质、知识创新的竞争。而要实现知识创新，学生创造能力与创新意识的培养既是基础又是关键，所以必须实施创新教育。创新教育就是培养学生的创造性能力，包括学生主动提出问题、发现问题、探索规律、得出结论、提出新理论等。数学是思维的体操，解决问题是培养和提高学生综合能力的最佳途径。初中数学探究式教学不是先将数学结论直接告诉学生，而是让学生通过各式各样的探究活动，如观察、实验、调查、收集资料、猜想、论证等，自己得出数学结论，其能为学生提供实践和锻炼机会，获得探究过程的直接经验。

学生通过参与并实际体验数学知识的获得过程，建构数学知识的新认识，学会基本的探究方法。探究教学，可以使学生从不同角度、不同层面深入地理解数学知识，自主建立数学知识之间的联系，从而在面对实际问题时更容易激活数学知识，灵活运用数学知识解决问题。开展初中数学探究式教学不仅能够激发学生的好奇心与求知欲，启迪学生思维，为学生积极主动学习创造条件，而且可以满足学生在具体情境中主动探究知识获得亲身体验的需求，因此探究式教学能够有效培养学生的创新意识。探究式教学还可以在人们已经解决或正在解决的各种问题的基础上，再提出创新性的问题，通过问题的论证、探讨、研究和解决，进一步强化学生的创新意识与创新精神。

五、有利于培养学生的探究能力

初中数学探究式教学能做到纵横变通、拓展思维，因此它是培养学生探究能力、增强核心素养的有效手段。在探究式教学中，尽管也有直接理解或直接领悟的直观想象、直觉思维，但更重要的是有利于培养学生的批判思维。有了这种思维，在学习中就能考虑到一切可以利用的条件，不断探索、不断否定、去伪存真，就能获得新颖独特的解决问题的方法。探究性问题的解决有利于培养学生的思维灵活性。全面认识问题，把发现的问题抽象、概括成数学命题，有利于学生思维深刻性的培养。开放性教学为培养学生数学抽象能力、创造性思维能力提供了条件。探究式教学也为学生提供了非常优越的合作探究平台，它使接受知识变为知识创造，通过刺激学生探究的欲望，使学生的学习动机得到加强。更重要的是，在这种学习环境中，学生能够积极交流，进行各种思想碰撞，这是提高学生探究能力、培养学生创新精神的重要途径。

六、有利于拓宽学生的视野

教师要大力开发并向学生提供更为丰富的学习资源，把探究学习作为学生学习数学和解决问题的有力工具，致力于改变学生的学习方式，使学生乐意并有更多的精力投入现实性、探索性的数学活动中去。探究式教学能为学生提供更多的自由活动时间与更为广阔的空间，提供更为丰富的数学学习资源。例如，在讲授"设计轴对称图案"时，要求学生课前准备以下材料：（1）收集自己喜爱的数学图形；（2）收集一些汽车、公司或企业的标志图案；（3）为本班设计班徽。对于这些任务，学生的积极性很高，通过各种渠道找到了非常丰富的素材。在上课前，对搜集的材料加以整理、分类，这样既可拓宽学生的视野，丰富教学内容，又能使学生学到课本上没有的知识；不仅挖掘了学生的潜能，而且大大提高了课堂教学效率。

21世纪是人类依靠知识创新和可持续发展的世纪，世界将进入知识经济时代。面对知识经济的挑战和机遇，实施素质教育，深入开展创新教育，以实现国家的科教兴国战略，是当今我国教育改革的主旋律。探究式教学的重要意义就在于它对素质教育、创新教育以及科教兴国战略的实施具有重要的促进作用。

第三节　初中数学探究式教学的原则与步骤

初中数学探究式教学是一种以数学问题探究为主的教学方式。具体地说，是指学生在教师的启发诱导下，对数学事实进行观察和分析，在此基础上提出有意义的数学问题，并针对提出的数学问题进行观察和实验，用归纳、类比、猜想等合情推理的方法探求数学结论，用演绎推理的方法对结论作出证明，最后对探究结果和解决问题的思维过程进行反思和交流。

一、初中数学探究式教学的原则

初中数学探究式教学的实施必须遵循教育学的一般教学原则，如科学性和思想性统一原则、理论联系实际原则、启发性原则、发展性原则、循序渐进原则、巩固性原则、直观性原则、因材施教原则等。此外，在初中数学探究式教学的实施过程中还必须根据学科特点、学生特点遵循以下一些特殊的原则。

（一）价值性原则

所谓价值性原则，是指数学探究式教学对提高学生数学知识理解能力、创造性思维能力以及数学素养具有重要价值的原则。实践表明，并不是所有的初中数学教学内容都适合采用探究式教学。初中数学探究式教学要想取得预期的效果，首先必须考虑教学的内容是否有探究价值或者是否适合探究式教学。其次，应该考虑探究材料是否有助于学生深入理解数学知识，提高数学素养，培养创新意识和应用能力，同时所选的探究材料要具有基础性、普及性、发展性、多样性、递进性和适当的挑战性，要在实施探究允许的范围内，最大限度地发挥其作用。

（二）"最近发展区"原则

所谓"最近发展区"原则，是指教师准备给学生探究的材料或问题要有一定的难度，但又必须在学生的"最近发展区"内，使学生可以"跳一跳，摘桃子"。初中数学探究式教学强调探究内容的挑战性，但这种挑战性是相对的，它有一个度的限制。探究并不是对已有知识的简单应用，而是让学生"思维跳一跳"，通过对自身已有的知识与探究内容相关的知识进行创造性的组织和运用，最终实现探究式教学的目标。苏联教育心理学家维果茨基（Lev Vygotsky）于 20 世纪 30 年代提出了"最近发展区"的概念，并创造性地阐明了教学、学习与发展之间的辩证关系。只有针对最近发展区的教学，才能促进学生的发展。发展的过程就是不断把最近发展区转化为现有发展区的过程。只有那种能激发学生思维的探究内容，才适合学生的发展，才有利于创造性思维的训练和创新意识的形成。教师在开展探究式教学中所选的探究材料或者数学问题应符合学生的"最近发展区"原则。

（三）过程性原则

所谓过程性原则，是指初中数学探究式教学在重视学生学习结果的同时，更要注重学生的探究过程，以及学生在探究过程中的感受和体验。探究式教学特别强调学生学习的过程性，注重知识的生成过程，强调培养学生的科学素养，关注学生的探究过程，重视探究兴趣与学生的发展，强调学生的情感体验。即使学生提出的问题在现实生活中暂时难以实现，甚至异想天开，也要予以鼓励，绝对不能讽刺和指责学生。更重要的是，没有多样性、丰富性的学习过程，就不能培养学生的多种能力和创造性思维。新课程倡导教师在课堂教学中应该尽可能地让学生生成问题，让学生充分展示自己的思维过程。

数学学习不仅要重视结论，更要重视过程。

（四）激励性原则

在教学过程中不仅要重视知识信息的传输反馈，也要注重师生之间的情感交流，情感教育在探究式教学中的作用更是必不可少。若把认知教育与情感教育结合起来，就能有效培养学生在探究式教学中的学习兴趣。教育心理学认为，在教师激励的教育方式下，学生对外部适当的正刺激能产生内驱力，会使学生处于一种活跃的、能动的积极状态，从而引发学习动机。强化人际互动，促进学生主体结构的建构，让学生在获得知识、提高能力的同时深深体会到成功的乐趣，这就是激励性原则。

（五）主体性原则

探究式教学应体现"教师为主导，学生为主体"的原则，这也是新课程理念的基本原则，也符合新课标的"以人为本"的精神。学生就是"本"，教师所做的一切努力，都是为学生提供更宽广的发展空间，为学生掌握知识、学会学习服务。学生作为学习的主体，课堂上的"活动、探究、讨论、交流、反思"都是学生自己的活动，必须由学生自己来完成。教师作为必不可少的组织者，其作用是设计、引导、协调、点拨。强调学生的自主发展，但不是自由发展，整个教学过程应在教师的合理控制之下。学生的主体作用不仅体现在时间和空间上，最重要的是体现在思维上。

（六）合作性原则

社会的高速发展需要合作性的人才，我们在教育的过程中不仅应该关注学生的知识和能力的发展，还应该关注学生之间的合作。联合国教科文组织把"学会合作"作为未来学习必须考虑的因素。我们应该培养学生的合作意识。在初中数学探究式教学中，通过设计合作的活动，让学生建立小团队，在学习过程中相互帮助、合作交流。通过这种方式，可以让初中学生的合作能力得到迅速的提高和发展。在课堂教学过程中，教师可以让学生和同桌或邻座的同学进行沟通交流，让每一位学生都能发挥各自的优势，通过互相启发和互相帮助的方式解决相关问题。利用学生思维互补的特性，让学生各抒己见，从而拓展思路，让学生更加全面准确地了解和掌握相关概念和结论。对于学困生的反馈要及时给予评价，并且积极引导其进行反思总结。不能总是加深问题难度，还要对基础知识中的薄弱环节加强训练。比如，对运算能力弱的学生，平时要让其多做相关练习，以不断提高自己的运算能力。

（七）递进性原则

所谓递进性原则，是指初中数学探究式教学要按照数学的逻辑体系和学生认识发展的顺序，由浅入深、由易到难地进行教学。学生学习的发展是一个循序渐进的过程，数学探究式教学必须遵循数学知识的逻辑结构序列和学生认识能力的发展序列，逐步实现知识的掌握、技能的形成、思想方法的感悟和能力的提高。初中数学教学大纲和教科书一般不是以知识形成和发展的顺序进行编排的，教师作为课程的实施者，要对某些探究内容的历史发展过程和逻辑体系结构进行考查，并结合学生的认知特点选择恰当、合理的方式进行教学。在教学设计时，要恰当地设置探究内容递进的"度"，既要防止缺少递进过程而企图一步到位的倾向，又要避免因递进的梯度太小造成所学知识的低水平重复现象。

总之，初中数学探究式教学创设了多元、动态、开放的课堂环境，让学生主动学习，有利于唤醒、挖掘和开发学生的潜能。探究式教学讲究师生平等，教师对学生思维的限制减少，符合初中生自我意识的心理特征，为学生提供了开放性的发展空间，有利于促进学生兴趣、动机、情感、意志、性格等非智力因素的健康发展，从而促进学生自主全面发展。

二、初中数学探究式教学的步骤

（一）创设情境，提出问题

作为探究式教学具体步骤的第一步，创设问题情境显得尤为关键，它的效果直接关系到整堂数学课的有效性。数学和问题是密切相关的，数学问题能够激发学生的思考和寻找答案的欲望，教师在教学时应注意设置良好的问题情境，可以从以下几个方面入手：首先，数学问题要生活化。问题贴近生活有利于学生理解和分析问题。其次，数学问题要有层次性。提出的数学问题要在学生的"最近发展区"范围内，也就是数学问题不能太简单，太简单会缺乏挑战性，但也不能太难，太难会打击学生的学习兴趣，应该是学生经过自己的努力可以解决的问题。再次，数学问题要具有典型性和趣味性。这样能提高教学效率，使学生能够举一反三。在探究数学问题、寻找答案的过程中，可以提高学生的学习能力和探究能力。而数学问题情境的产生可以有很多来源。

1.从现实生活中导入问题情境

总的来说，数学来源于生活并服务于生活。因而数学问题的产生可以依据现实生活中的具体情境，让学生感觉数学就在我们身边，减少数学"抽象""无用"等错误标签，让学生对提出的问题敢于尝试，从课堂一开始就激发学生的探究欲望。

在导入问题情境之后，教师可以引导学生列举身边发生的类似的问题情境，培养学生举一反三的能力，增强学生对问题的理解和掌握能力，扩展学生的思维。

2.从学生已有的数学经验出发进行问题情境创设

从学生已有的数学经验出发其实是利用了知识的应用与迁移。在学习过程中，人的记忆是有限的、会遗忘的，随着时间的增加会遗忘得越来越多。因此，在学习新知识之前就需要对已学的知识进行复习，这就是人们常说的"温故而知新"。通过这种方式促进学生知识的纵向迁移，最后将新旧知识有效融合，达到举一反三、触类旁通的效果。

学生学习数学知识的过程是一个循序渐进的过程，数学知识由浅入深、由易到难，这要求教师在进行教学设计时要考虑学生已有的数学知识水平，根据最近发展区原则选择符合学生学习的教学内容和方式，让学生在已有的认知发展水平和知识经验的基础上，只要再努力一点就可以解决问题。这一方面可以让学生巩固已学知识，另一方面又可以学习新知识，带领学生通过自己的努力体验成功的感觉。从学生已有的数学经验出发来导入，通过对比新旧知识，让学生很快接受新知识，还可以建立知识框架，使学生对所学知识的掌握呈现螺旋上升的态势。

3.从趣味中创设问题情境

在数学课堂中，使课堂变得有趣味的方式有很多，可以通过歌曲、数学史、寓言故事、名人轶事、数学活动和游戏等方式创设数学问题情境，激发学生的好奇心和学习兴趣，还可以在教会学生学习数学知识的同时，接受数学文化的熏陶，把人文教育渗透到初中数学课堂中来，这也符合新课标的要求，是培养德、智、体、美、劳全面发展的人的必然要求。

4.从习题中的问题出发创设问题情境

学习完一个新知识后，教师会安排一定的练习题或试卷等对学生的学习情况进行检测和评价，以此来判断学生对知识的理解和掌握程度。学生学习新知识后，不一定能够很好地运用所学知识解决问题，在此过程中教师可以根据多数学生出现的共同问题创设问题情境，引导学生共同解决，最后对问题及其解决方法进行归纳总结。

总之，情境导入的方式有很多，根据不同的标准划分会有不同的导入方式，教师可根据教材中的案例进行导入，但也要灵活运用教材，适当的时候可以在尊重教材的基础上结合学生的实际情况进行改编，真正做到因材施教。情境导入的工具可以采用多媒体增加内容的生动性和形象性，也可以让学生通过自己动手发现问题来进行导入，还可以直接通过板书提出问题进行导入。总的来说，要具体问题具体分析，要根据教学的具体内容和教学方式采用相应的导入方式，有时可同时采用多种导入方式共同进行。无论采用何种方式，只要能够激发学生的学习兴趣和探究欲望，能够让学生主动参与探究活动的方式都是可行的。

（二）自主思考，合作探究

探究的含义起码可以分为两层，一是探，二是究。探就是要明确我们的问题、方向、任务、步骤，究就是对我们所得到的东西进行进一步的追究、研究。课题可以分为概念课、性质课、复习课、习题课、试卷讲评课、活动课，活动课又可以分为纯数学活动课、信息技术活动课、数学简史活动课、知识窗活动课等。而应用性的课堂如复习课，其探究的内容就比较少，而是重在应用。具体采用什么样的探究式教学方式，需要根据知识的分类，有些知识的探究点比较少并且难度不大，就没有必要去设置过多的探究时间，而对于有些比较难的知识，就可以设置更多的探究时间。也就是说，探究式教学并不代表整堂课都在探究，应该根据具体的课题内容设置。

1.类比探究

类比探究比较直接，它遵循学生的智力发展规律，由易到难、由简到繁，由于学生已经学习过类似的知识结构和内容，所以在此基础上进行知识的类比和迁移就容易得多。

2.归纳和演绎探究

归纳是对一系列具有代表性的个别或几个对象进行研究，进而概括出一般性原理的思维方法。而演绎则恰恰相反，是从一般性原理中得出个别或几个对象的结论。归纳和演绎不可分离。归纳法是一种或然性推理方法，归纳法不可能包含到所有对象，也就是不可能做到完全归纳，因此归纳的结论不一定可靠，这就需要对结论进行检验和验证。学生通过观察探究内容，发现其中隐藏的一般性规律或结论，而要判断规律或结论是否正确，需要对其进行验证，最后将正确的结论进行总结和归纳。归纳和演绎探究可以锻炼学生观察发现和归纳总结的思维和能力。

在探究过程中，并不是所有的事情都能按照预设的步骤来进行，而是随时都有可能发生意外，引发各种课堂问题，这些意外和问题如果得不到及时解决，就会降低课堂效率，甚至阻碍课堂教学的顺利进行。这就需要教师及时参与和有效指导。对于探究顺利、得出正确结论的小组，应及时进行表扬；对于探究遇到问题又无法解决的小组，应进行正确的引导和鼓励。同时，还应该准备一些提升性的探究课堂，让先完成任务的小组继续进行探究和提升。让学生经历数学知识的发生发展过程，唤起学生已有的认知和体验，做真正的"数学人"。而这一切都需要经历讨论合作、协作探究的过程。

总之，讨论合作、协作探究需要学生在探究的时候明确问题、任务等，对问题、任务等进行独立发现和思考，发挥个人的才智，然后教师在尊重学生独立人格的基础上，通过小组交流与合作等形式开展丰富多彩的教学活动，引导学生参与其中。这需要教师有效地组织好课堂教学的每一个环节，才能使讨论有意义，从而实现真正有意义的探究。教师要为学生提供一个集民主、平等与和谐等因素于一体的教学环境，丰富教学活动，使教学活动成为打造数学文化课堂的有力武器。在这样的数学课堂上，不仅可以增加学生的知识积累、构建知识框架，还可以启发学生思维、培养学生的学习能力和创造能力等。

（三）练习巩固，演绎提升

同一个内容，如何去进行变式设计呢？在这个情况下，学生会做此类题型后，换一个背景，如增加或删减一些条件，学生能否在似是而非、似曾相识的环境下去解决一个新问题，这就是利用一个已有的知识方法去探究一个新的领域，看似一个应用型的题目、一个习题讲评或试卷讲评，但其依然有很大的探究价值。这样的探究更多的是在知识迁移下的探究。变式在探究中特别是应用型的课题里体现得很重要，而这恰好是教师的短板。变式训练也属于对教师命题能力的培养，命题的培养需要教师对教材的知识点、概念很熟悉，需要对考纲、课标很熟悉，考什么，哪些要考，考到什么程度，怎么考都要拿捏好。

变式的练习从角度上可以分为三类。第一类，从广度上变式：这是最浅层次的、最简单的变式，指的是横向层次的变式，只是题目的形式和种类发生了变化。第二类：从深度上变式，这类变式会把前后知识衔接起来综合运用，通常要求学生要对前面所学的知识有良好的掌握，并能融会贯通、熟练运用。第三类：从高度上变式，这类变式不仅会与之前学过的知识有联系，还会涉及学生没有学过的下节课或是以后的知识，让学生接触过后有一种"似懂非懂"的感觉，同时依然保持强烈的求知欲和好奇心，这样能为以后的学习设下"圈套"，作好铺垫。在这里，按照同一知识类型可以分为形式变式、方法变式和内容变式。

（四）评价反思，应用迁移

评价与反思包括对教学设计的重新梳理与完善（采用的教学方式、数学思想等）、教学评价、对教学中发生的问题的思考与改进等。例如，学生自发地认识事物、分析事物的意识是值得提倡的，这需要教师在进行教学设计时，充分考虑学生的认知基础和认知方式，从而层层引导，方能步步为营。

评价标准如果从主体的角度来分，可以分为教师自我评价、学生自我评价、师生和生生之间的互评，其中教师的自我评价对于提高教学水平和质量非常重要，可以说关系到教师的终身发展。

评价标准还可以从三维目标的角度来制定，即知识与技能目标、过程与方法目标、情感态度与价值观目标。

第一，知识与技能目标。例如，考查学生是否掌握了多边形的内角和，可以出题给学生做，学生做对了说明这个知识学生掌握了；考查学生的尺规作图能力，比如当学生会画角平分线时，这个技能就掌握了；考查学生的计算技能，如果学生会计算有理数的加减乘除与乘方的混合运算，就说明他掌握了这个计算技能。

第二，过程与方法目标。例如，在学习多边形的内角和章节内容时，要想知道学生参与度如何，可以观察发言的有哪几个学生，观察学生做题的过程，学生如果做题认真，解题过程规范，基本可以认定这个学生属于学习认真的类型，将来发展会很好，为什么会有这样的判断？是因为我们有预测。凭什么来预测呢？是因为我们关注了学生学习的过程。就好像我们看一个人如果平时认真，你会认可他，所以这个过程很重要。那么方法呢？在"多边形的内角和"问题中，从多边形的顶点、一边、内部一点、外部出发进行分割，这是一个方法。通过这个方法可以判断学生是否具备划归的思想方法和数形结合方法。

第三，情感态度与价值观目标。在上课的时候，学生的情感被带动起来了，他就会在课堂中积极地参与，进而转变学习态度，对数学的认识和观念也会发生改变，变得很有信心。但第三维目标可遇不可求，第八次课改最关注的是第二维目标，传统教学最关注的是第一维目标。所以评价体系应该要基于这三个方面，关注考试的结果如期末考试或学业水平考试等即第一维目标，关注过程如平时的表现即第二维目标，关注长期的发展如养成良好的数学素养和数学思维即第三维目标。

第四节　核心素养视域下的初中数学探究式教学策略

核心素养背景下，初中数学课堂教学要实现有效课堂构建，教师需围绕学生数学核心素养的能力要求，充分尊重学生的学习特点及学习需求，激发其学习自主性，给学生创造自主学习和探究的学习环境。教师要让学生在探究中掌握方法、学习知识并在实践中灵活运用所学知识解决问题，促进学生数学综合素养的提升。

一、精心设计教学导入，调动学生学习兴趣

"良好的开端是成功的一半。"要想提高数学课堂教学效率，需要教师做好课堂教学导入，以生动富于趣味性、启发性的方式调动学生的学习积极性。例如，在利用三角形全等测距离章节的教学中，结合学生对探险活动的兴趣点，教师可在课前借助多媒体播放一些密室探险相关的、具有较强视觉冲击力的视频或图片，并告诉学生本节课的内容与探险活动有关，调动学生的学习兴趣。随后，向学生展示教学图片，上面画有一个测出距离方能进行探险的位置，告诉学生距离的测定需要借助数学的方法展开，就是我们今天要学习的内容，即利用三角形全等来测出距离。这种方式导入课堂教学内容，能够很快地吸引学生的课堂学习注意力，提高学生探究式学习的积极性。

二、重视背景介绍，形成概念、法则

数学中每一个概念的产生，每一个法则的规定都有其丰富的知识和一定的历史背景，在教学过程中，教师不能舍弃这些知识和背景，直接抛给学生一连串的概念和法则，因为这种做法会使学生感到茫然，失去了培养学生概括能力的极好机会。探究式教学是要

将概念和法则的形成过程还给学生，提高学生数学抽象的能力。

如方程的概念教学，传统的做法是给出方程的定义，然后给出若干式子让学生判别哪些是方程。探究式教学的做法是先给出若干式子，然后让学生观察，找出其中的一些共同特点，如一部分式子是等式、一部分式子是代数式，在等式中又有一部分含有未知数，这样我们就把这种含有未知数的等式叫作方程。再比如平面几何中两条平行线的距离的概念教学，传统的做法是先由夹在两条平行线间的平行线段相等，直接给出两条平行线的距离的概念。探究式教学的做法是先让学生回顾一下过去学过的有关距离的概念，如两点之间的距离、点到直线的距离，引导学生思考这些距离有什么特点，发现其共同的特点是最短，然后启发学生思考在两条平行直线上是否也存在这样的两点使得它们之间的距离是最短的。如果存在，应当有什么特征？于是经过共同探索，得出如果这两点的连线段与这两条平行直线都垂直，则其长度是最短的。在此基础上，自然给出两条平行线的距离概念。这样做，不仅使学生获得了概括能力的训练，还尝到了数学发现的滋味，认识到距离这个概念的本质属性。

再比如讲函数这个概念时，可以先给学生讲一讲有关函数概念的历史知识。在 16—17 世纪，随着欧洲由封建社会向资本主义社会过渡，生产力得到了大大的解放，由此推动了数学的发展，开始引入变量和函数的概念，从此数学研究由常量数学时期进入变量数学时期。在我国，"函数"一词最早出现在 1859 年清代数学家李善兰和英国传教士伟烈亚力（Alexander Wylie）合译的《代微积拾级》一书中，该书中将"function"译成"函数"，并给出定义："凡此变数中含彼变数，则此为彼之函数。"意思是如果一个式子中包含着变数 x，那么这个式子就是 x 的函数，并举例 $y=ax+b$。这样的介绍引入，不仅能使学生认识到数学与社会发展的关系，而且增加了学生学习数学概念的生动性、趣味性。

三、精心设计教学环节，挖掘学生数学潜质

新的教学内容能否被学生很快理解并吸收，需要教师设计不同的教学环节，以逐渐调动学生的思维活力，并展开从初步了解、自主探究、课堂随练及课后巩固等方式的整个学习过程。教师在各环节设定和实施中，要注重培养学生数学多方面能力，为充分挖掘其数学潜质奠定良好基础。例如，在探索轴对称的性质章节的教学中，教师可采用小组合作学习模式展开教学，并要求各小组围绕轴对称性质及其在我们日常生活中的应用

展开合作学习。这两个探究内容，是在包含本节课所有知识点的基础上进行了生活拓展，要求各小组内部明确分工，发挥各自所长展开有效学习。在总结轴对称性质时，学生自主借助画图来辅助并促进理解，在自主思考与探究的过程中完成课堂教学任务，在激发学生数学潜质的同时，提高了课堂教学效率。

四、精心设计教学环节以总结拓展知识点

教学总结在数学课堂教学中非常重要，是促进学生深入理解、思考并掌握教学内容的重要环节。同时，在总结中，教师要注重优化学生数学核心素养，对教学知识点进行拓展，以延伸各知识点，促进学生对教学内容的学习深度和广度。例如，在探索轴对称的性质章节教学总结中，为使学生对轴对称性质在日常生活中应用有更深入、清晰的认知，教师援引在建筑施工中可以借助轴对称确定超市、幼儿园及停车场的最佳建设位置，促进学生对知识点认知范围的扩大。

五、精心设计教学评价，优化学生数学思维

课堂评价环节是巩固教学内容、促进学生深入思考的重要环节。基于课堂有限的教学时间，为了完善并发挥课堂评价的作用，教师要创新课堂评价方式，注重多种角度的课堂评价，以优化学生的数学思维。例如，在对"探索勾股定理"一课进行教学评价时，基于之前的小组合作学习，教师可要求各小组内部展开评价，以提高评价的有效性。组员之间会针对彼此的学习习惯、学习技巧、思维方式等进行互评。在此基础上，教师再进行整体评价，使学生对自己在学习中的优势与不足形成清晰的认知，数学思维得到优化，数学探究课堂也可以得到切实的改进和提升。

六、精心设计课后作业，巩固强化教学内容

课后作业是延伸课堂教学、巩固学生对知识点的吸收及应用的有效途径。课后作业在设计时，教师要以巩固学生对教学内容有吸收和记忆为目标，同时要借助习题思考优

化学生的数学思维和自主探究精神，提高课堂教学质量。例如，在勾股定理内容的实践应用教学中，教师可侧重于培养学生对所学知识的应用能力，以及良好的发散性思维。教师可启发学生对学校环境及自己家庭周边环境进行仔细观察和思考，哪些地方体现出对勾股定理的应用，运用此定理能够有效解决哪些生活中的问题，等等。在完成实践探究后，教师要求学生对所观察、感悟到的情况拟写一份总结性作业，更有效地发挥课后作业对巩固教学内容、推进学生数学思维能力、实践应用能力的提升和促进作用。

七、注重回顾反思，提炼数学思想

探究式教学要求充分暴露知识的发生过程，其中包括数学思想的提炼、概括。数学思想总是蕴藏在具体的数学知识、数学方法之中，它是高度概括的数学理论。数学思想不仅对学生系统地掌握、运用数学知识和方法解决问题具有指导意义，也对学生形成正确的数学观大有益处。探究式教学通过对学过知识的回顾、反思，对所用方法的概括、提炼，挖掘其中的数学思想，并用数学思想来指导数学教学实践。如通过对解方程、方程组的回顾、反思，提炼出"降次降维"的思想、"换元"思想、"转化"思想，而这些思想又都属于"化归"思想。如通过对函数、函数图像知识的回顾、反思，提炼出数学虽然是以现实世界的数量关系与空间形式作为研究对象，但是数与形是相互联系的，也是可以相互转化的。把问题的数量关系转化为图形的性质问题或者把图形的性质问题转化为数量关系问题，是数学活动中的一种重要思维策略，这种处理问题的方法是"数形结合"的思想方法。

探究式教学与传统的讲授方式有明显的不同，要求教师把科学当作一种过程，而不仅仅作为结果的知识体系来教，教学时既要重视结果又要重视知识的获得过程，有时重过程更甚于重结果。学生进行探究式学习，会全身心投入其中，使自身的认识、情感、意志及行为达到高度的统一。教学要达到让学生全身心投入的状态，就必须以学生而不是以教师为中心，使学生对观察、提问、分类、测量、实验、推理、解释、预测等活动既产生兴趣，又力所能及。

综上所述，在核心素养下要促进初中数学探究式课堂的构建，教师需要在对学生传授数学基础知识的同时，充分落实生本教育理念，创新课堂教学模式，在各个教学环节的设计中激发学生学习的积极性和自主性，培养学生具备良好的数学思维能力、实践应用能力和创新探究精神。通过这些教学措施，教师可以丰富初中数学课堂教学实践经验，提高学生数学核心素养，促进初中数学探究式课堂的构建。

第四章　基于核心素养的初中数学情境教学

情境导入是数学课堂教学中常用的一种方法。在课堂教学的导入阶段，根据本节课内容精心预设的情境，对一堂课教学的成功与否起着至关重要的作用，它能迅速集中学生的注意力，把学生的思绪带进特定的学习情境中。情境不但可以帮助学生将抽象的数学问题生活化，而且能提高学生应用数学的意识，能较好地激发学生学习数学的兴趣。情景教学体现了数学源于生活，而又应用于生活，让学生学习有价值的数学的一种理念。

第一节　情境教学的内涵与理论依托

一、课堂情境创设的意义

教学情境是课堂的基本要素，创设教学情境是教师的一项常规工作，创设有价值的教学情境则是教学改革的重要追求。情境教学的意义体现在以下几个方面。

（一）生活性方面

任何有效的教学都始于对学生已有经验的充分挖掘和利用。学生的经验包括认知经验和生活经验。美国著名的教育心理学家奥苏贝尔（David Pawl Ausubel）有一段经典的论述："假如让我把全部教育心理学仅仅归纳为一条原理的话，那么，我将一言以蔽之：影响学习的唯一最重要的因素就是学生已经知道了什么，要探明这一点，并应据此进行教学。"可以说，这段话道出了"学生原有的知识和经验是教学活动的起点"这样一个教学理念。

（二）形象性方面

强调情境创设的形象性，其实质是要解决形象思维与抽象思维、感性认识与理性认识的关系。我们所创设的教学情境，首先应该是让学生看得见、摸得着，并且能够有效地丰富学生的感性认识，并促进感性认识向理性认识的转化和升华。其次，我们创设的教学情境，应该是具体的、形象的，能够有效地刺激和激发学生的想象和联想，使学生能够超越个人狭隘的经验范围和时间、空间的限制，既能使学生获得更多的知识、掌握更多的事物，又能促使学生形象思维与抽象思维互动发展。

（三）情感性方面

情感性是指教学情境具有激发学生情感的功效。教学的艺术不在于传授本领，而在于激励、唤醒、鼓励，而没有兴奋的情绪怎么能激励人，没有主动性怎么能唤醒沉睡的人，没有生机勃勃的精神怎么能鼓舞人呢？这种情感上的教学情境设计，更容易让学生与教师产生共情，体验到精神层面的升华，对知识的理解更深刻。教师入境入情，带来了学生的心情波动，产生情感的共鸣，也可以产生精神层面的信任与依靠。

二、情境、情境教学、数学情境与数学情境教学

《辞海》认为"情境是指一个人在进行某种行动时所处的社会环境，是人们社会行为产生的具体条件"。教育学认为，情境指由特定要素构成的有一定意义的氛围或环境。由于具体的研究对象不同，给出的情境的内涵也不同，但是可以肯定的是，情境是人们从事社会活动所伴随的社会环境、场景和条件。

钟启泉教授认为："情境教学是创设含有真实事件或真实问题的情境，学生在探究实践或解决问题的过程中自主地理解知识，建构意义。"情境教学，从本质上说，包含"情"与"境"。通过"情"，调动学生学习的兴趣、情绪、情感体验等来适应教学；通过"境"，面向学生实际，构造相应的学习场景进行教学。

夏小刚、汪秉彝认为，数学情境是含有相关数学知识和数学思想方法的情境，同时也是数学知识产生的背景，它不仅能激发学生提出数学问题，也能为提出和解决数学问

题提供相应的信息和依据。

　　数学情境教学是基于数学学科的情境教学，是以数学学科为基本特征的情境教学，是包含数学知识、思想方法和数学知识产生的背景的情境教学。它与其他学科情境教学（语文、英语、物理等学科）有类似之处，但又有区别。在教学中，应注意创设合适的教学情境，激起学生的情感，促使学生主动提问，让学生感受数学知识的发生过程，体会数学知识的本质。

三、情境教学的理论基础

（一）情境认知与学习理论

　　情境认知与学习理论认为"认知的本质是由情境决定的""知识是基于社会情境的一种活动"。

　　1.情境认知与学习理论关于知识的特征——情境性和协商性

　　情境认知理论，不是把知识作为心理内部的表征，而是把知识视为个体与社会或物理情境之间联系的属性以及互动的产物。参与基于社会情境的一般文化实践是个体知识结构形成的源泉。

　　2.情境认知与学习理论关于学习的特征——情境性和社会性

　　情境学习是在真实的情境中、在实践共同体中、在行动中、在合作中、在互动中、在反思中，协商和建构知识的意义和学习者身份的过程。

　　情境认知与学习理论给我们的启示有：在中学数学的教学中，为了促进学生的学习，尽可能地创设真实的学习情境，创设为达到某一学习目标而设置的功能性学习情境。又因为学习是互动的，在实际教学中，应努力创设真实的数学情境，促进各学习成员之间积极互动协商。教师创设情境时要注意联系学生的生活实际，通过合作交流，促进知识的学习。

（二）奥苏贝尔有意义学习理论

　　奥苏贝尔的有意义学习理论是用同化思想来解释外在的逻辑意义怎样向个体的心理意义转化的过程和条件的学说。

1.有意义学习的实质

学习的过程即新观念进入原有观念团内，使原有观念得到丰富和发展或新知识与原有的认知结构产生非人为实质联系的过程。

2.有意义学习的条件

新知识的获得主要依赖认知结构中原有的适当观念，必须通过新旧知识的相互作用，有意义学习才能实现。

有意义学习理论给情境教学的启示：在教学过程中，要创设恰当的知识情境，重视原有的知识结构并使它们更清晰，使符号所代表的新知识易于与原有认知结构产生联系。有意义学习还要求学生有主动学习的心向，教师要创设积极的教学情境，通过引导、互助协商、合作探究学习使学生主动同化新知识。可以通过变式练习使学生原有的认知结构更清晰、牢固；通过小组合作交流发挥学生的主动性；通过创设恰当的情境，使新旧知识易于发生实质性的联系。

第二节　初中数学课堂情境设计的原则与类型

一、初中数学课堂情境设计的基本原则

教师设计课堂情境过程中，受到主观认知的影响，设计的内容和活动不一定能够被学生接受，是教师在进行课堂情境创设时经常遇到的问题。那么，针对初中阶段的学生，教师在进行课堂情境设计时，应该遵循一定的基本原则。

（一）围绕课程目标为原则

无论教师设计的课堂情境多么精彩，内容多么新颖，课堂情境设计一定是以完成课程目标为根本原则，脱离了课程目标的数学课，也可以被称为"去数学化"的数学课。这样的课程设计，不能为教学目标服务，也就失去了课堂设计的意义。教师花费精力去设计课堂过程，教学效果却微乎其微；学生在参与活动过程中没有得到思维上的培养或

知识上的增长，这样的数学课堂情境都是没有意义的。所以，数学课堂情境设计的基本原则是为了达到相应的课程目标。

（二）基于学生认知层次为原则

教师在进行数学课堂情境设计时经常会根据个人的认知水平去创设问题的发生、发展和解决方案，忽略了学生的基本认知层次，没有预判到学生在问题的形成发展过程中能够理解和解决问题。这样设计出来的情境活动，不容易被学生理解和接受，参与度就不高。教师在设计教学情境时，如果使用的是将生活情境引入课堂中，那么这种生活情境一定要是学生经历过，或者在现实生活中能够让受教育者可以经历的，这才能够让受教育者体验出数学与生活的息息相关，生活中方方面面都能够联系数学，引发学生思考，促进学生之间的合作交流。趣味性课堂要能让学生实实在在感受到被有趣的教学情境所吸引，那么学生的认知也直接决定了学生的趣味点，不是所有的事物都能引起学生的兴趣，需要教师进行大量的分析了解，以求在问题上与学生达到兴趣上的共鸣。

（三）能够进行课堂效果评价为原则

教师的数学课堂效果评价直接关系到这种教学模式是否能够长期应用。所以数学课堂教学情境设计的另外一个原则是能够对课堂效果进行评价。这种评价可以是针对学生的，也可以是师生共同的。可以是通过试题进行测试，来评价教学效果是否达到了教学目标；也可以通过问卷调查的形式，通过学生对数学课的评价反馈，了解教师设计的数学课堂情境是否符合预期目标。教师通过一系列的课堂评价，能够充分了解自身在课堂情境创设上的不足，从而改进和完善课堂情境的设计。

在初中数学课堂上运用情境教学，有利于活跃课堂气氛，提高学生的学习动机，激发学生的学习兴趣，促进学生知识的迁移和巩固；但在具体应用过程中要坚持适度性原则，这对教师的教学水平和课堂掌控能力提出了很高的要求。

二、初中数学教学课堂情境设计类型

基于以上的基本原则，根据不同的教育教学目的，笔者认为，可以将初中数学课堂教学情境设计分为以下三种类型，在一节课上，可以运用一种或同时使用多种类型的情境设计，满足不同的教学需求。

（一）情感性课堂情境设计

情感性课堂情境设计，一个根本目的是增强学生对教师的信任，使其有意愿并且能够主动配合教师的教育教学，在学习过程中由被动变主动。因为数学不仅仅是一门学科，更重要的是学生通过数学学科的学习，能够体验研究探索的乐趣，体验数学之美，发现数学的奥妙。想让学生与教师感同身受，与教师产生在学习上的共鸣，需要教师能明确学生的基本认知，能够在情感上有一个换位的过程，从学生的角度出发，找到引发学生思考的切入点。学生对学科教师足够信任，才是学生注重学科的前提。

教师在情感性课堂教学中，重要的一步是如何找到能够引发学生共鸣的情感片段。引发情感共鸣的形式可以是语言上的激励，或者是兴趣上的共鸣，特别是教师作为学科的引路人，更具有学科专业上的优势，可以利用学科特性吸引激发学生自主学习的能动性。这要求教师在生活和教学中，善于观察、了解学生的生活，尽可能地以学生熟悉的情感体验为切入口。经历过情感共鸣的学生，无论是在教学配合度，还是学习主动性上都更显现出明显优势。而且初中学生既有对未知事物充满探索实践的积极一面，又有被动、畏惧、懈怠的消极一面。教师需要"扬"积极能动之"长"，"避"消极懈怠之"短"，培养学生能动学习情感，这是有效教学的一个重要"课题"。情感性课堂情境设计需要教师具有一定的心理学基础，这是知其然且知其所以然的必要前提。

（二）生活化课堂情境设计

这种情境设计的根本目的是让学生学会数学知识点并且能够灵活运用知识解决问题。这似乎与传统课堂授课的教学目标相同，但实施手段却有所不同，并且教学效果也明显不同。以教授数学知识为主要目的的生活化课堂情境设计，更注重将课程目标中的知识点生活化，将所要学习的知识融入现实生活中，激发学生进行研究和探索的兴趣，让学生从体验生活中感悟数学问题的形成，从生活中解决数学问题，从而将知识内化为生活经验，学生在体验生活片段的同时能够引发对知识点的记忆，学习知识变成了生活体验，知识点成为生活技能，知识不仅学会了也能够在生活中应用了。同时，生活化课堂情境设计也让学生在体验生活的同时，有效地激发了探索生活的能力，提高了学生在生活中提出问题、分析问题、解决问题的能力。有针对性、目的性地进行生活化课堂情境设计，通过让学生感受了解知识点的形成过程，在应用中理解，在运用中记忆。大大地提高了学习的兴趣，同时大大地提高了课堂教学的有效性。

生活化课程根据其课程目标特点，在情境设计时从想要解决的问题出发，设计相关情境，引发学生探求欲望，通过学生参与，合作或自主完成探究过程，解决问题，总结经验。通过"提出问题—引入情境—探索发现问题—分析问题本质—解决问题—总结经验"这一模式的有效实施，学生在高度参与活动过程中，将数学问题生活化，将生活场景数学化，在活动中得到所需要学习的数学知识。

例如，在学习"不等式性质"这一节课时，概念是抽象的，学生不好理解，教材中使用天平实验来说明不等式的性质，但学生对天平这一物品本身就是陌生的，所以可以用贴近学生生活的事例进行解释。

师：同学们，如果你们的爸爸今年 33 岁，爷爷今年 66 岁，如何用不等式表示他们年龄的大小？

生：66>33，所以爷爷的年龄大。

师：那么两年后，他们的年龄谁大？如何用不等式表示？

生：爷爷的年龄大，66+2＞33+2。

师：那么 10 年前谁的年龄大？如何用不等式表示？

生：66－10＞33－10，爷爷的年龄大。

师：那么，请问，n 年以前谁的年龄大，如何用不等式表示？

生：66－n＞33－n。

通过以上生活中年龄问题的问答，引导学生从实际问题出发，感受不等式左右两边同时加上或减去相同的数时，不等号方向不变这一性质。

需要注意的是，在教师进行数学问题生活化过程中，被数学化的生活场景应该是学生有所经历或者贴近学生真实生活场景的。如果教师将个人经历的生活场景设计在课堂情境中，而学生却没有相应的经历，导致学生没有真实的体验过程，缺少参与感，无法从认知层面达成一致，也就没办法让学生从中提炼数学问题，更无从探索和解决问题。

（三）实验操作性课堂情境设计

实验操作性课堂情境设计目的是将书本上的文字知识转化为可操作性的劳技劳动，让学生亲自体验知识形成的过程，并且能在操作过程中，逐步形成知识的内化，从而了解数学知识的本质。因为知识与技能是相辅相成的，对于学生的培养结合本身的创造力和灵活性，所有的创造性思维的形成都是从动手操作开始的。根据教学目标设计可操作的课堂情境引导学生进行可实际操作的行为，从操作体验中提炼数学问题，分析问题，从而解决问题，这是学习数学的良性过程。

知识与技能的共同引导，激发学生探索问题的本质，是学习数学的根本目的之一。可操作性课堂情境设计往往应用于几何课堂教学中，初中数学几何类知识以平面几何为主，动手操作更适合几何入门的初中学生了解平面几何。平面几何图形的可操作性比较强，学生可以不断在画图、割图、补图过程中，感受图形形成的过程，从简单的点到线，从线到面，逐层深入，从动手操作剪贴中体验图形的形成与分解，促进学生对几何图形的理解和学习兴趣的培养。

例如，"三角形内角和"一课，为了证明三角形内角和是 180°，教师可以引导学生采用不同方法。

方法一：特殊三角形观察法。

教师展示两把直角三角尺（90°+30°+60°尺与 90°+45°+45°尺），请学生分别讲出三角尺各角的度数，并求出三个内角的和，再请学生观察自己手中的三角尺，看度数是否与大三角尺一样，指出三角形三个角的度数与三角形的大小没有关系。

这时教师可以引导学生猜想一下普通三角形三个角之间的关系，进而得出结论：三角形的内角和等于 180°。

方法二：测量法。

让每个学生任意画一个三角形，用量角器量出三个角并相加，得出结论都在 180°。

方法三：翻折法。

把三角形的每一个角沿着某一边所在直线进行折叠。

方法四：割补法。

将一个三角形的纸片，三个角标记为∠1，∠2 和∠3，将其中两个角剪下来，与第三个角拼合起来成为一个角，观察发现拼合好的角的两边成一条直线，猜测三个角合起来的大角是平角，也可以用量角器进行测量。

随着科技的不断进步，多媒体资源日新月异，多媒体使学习变得更高效快捷，因此指导学生使用多媒体工具进行数学问题研究，可以丰富学生学习数学的方式方法；通过多媒体的动态演示，使静态数学变为动态数学，不仅可以提高学生学习兴趣，同时可以使其感受数学的灵动性，因此多媒体教学对于学习几何有着重要的作用。

正所谓"授人以鱼不如授人以渔"，教师对学生的教不能单纯以教会知识为主，更重要的一个目的应该是教会学生如何提出数学问题，分析问题和解决问题，这是一个数学逻辑思维方面的培养，让学生能够动脑思考，是教育教学的终极目标。初中数学课堂情境创设的提出，本质原因是希望通过生活化的情境，让学生在熟悉的氛围中感受数学的存在，学习数学是一个过程，不是知识点的堆积，而是在运用数学知识的同时体会到数学在现实生活中的存在。此类型课堂情境的设计基本上都会融合上述的三种类型课堂，以提高学生的综合学习能力为目标，激发学生学习数学的主动性，开发学生创造性思维，最大限度地激发学生学习数学的潜能，培养数学学习能力。

第三节　核心素养视域下的初中数学情境教学策略

核心素养的提出，为我国新一轮深化课程改革指明了新的方向，在课堂教学中发展核心素养已经成为当前教学的出发点和落脚点。我国著名学者史宁中指出："基于数学核心素养的数学教学，要在数学活动中，创设合适的教学情境，感悟数学的思想，积累数学思维的经验，形成和发展数学核心素养。"鉴于情境教学在培养学生数学核心素养方面的重要作用，我们前期深入了初中课堂，观察了当前数学教师在情境教学中培养发展学生核心素养的情况。在此基础上，笔者基于数学核心素养的视角提出了初中数学课堂情境教学的策略。

一、创设生活化的问题情境，引导学生用数学的眼光看问题

情境作为数学知识的载体，为学生实现生活问题和数学问题的转化，发展用数学的眼光看问题的能力提供了孕育的摇篮。它考查了学生从现实世界抽象出数学知识，用数学的眼光看问题的能力，而这种能力正是 21 世纪人才所需具备的数学核心素养之一。

我们提倡在数学教学中创设生活情境，并且应该注意以下几点：

（一）生活情境素材的选择要接近学生的最近发展区

苏联心理学家维果茨基认为，学生的发展有两种水平，一种是现有的水平，包括已

有的生活经验和认知水平，另一种是预设的能够达到的水平，即通过教师的引导学生能够达到的更高一级的水平。这两种水平之间的差距成为最近发展区。该理论给我们的教育启示在于：教学活动应从学生的现有水平出发，并跨越最近发展区，指向更高层次的水平。在生活情境创设前我们要仔细分析学生的学情，既关注该阶段学生已有的生活经验，又考虑学生已经具备的数学知识，不能从生活中随便拿来一个问题就作为情境使用。同时，情境创设的目的要始终围绕教学目标，接近学生的最近发展区。

（二）生活情境要平衡好"数学化"和"生活化"的关系

数学情境教学是立足于数学学科特征的情境教学，忽略情境的"数学化"无疑阻碍了学生发展数学核心素养。当前课堂中的情境面临着两难的境地。一方面，教师频繁地使用生活情境，情境的生活味太浓；另一方面，教师受困于课堂教学时间的限制和应试教育下成绩要求的压力，尽可能地脱离情境，认为过多的情境影响了学生看清数学本质，他们选择将知识直接呈现在学生面前，情境的数学味太浓。单方面地强调数学味或者生活味都不利于学生核心素养的发展。在情境教学中平衡好情境"生活化"和"数学化"的关系是发展学生核心素养的关键。

平衡"生活化"和"数学化"的关系，我们首先要理解生活问题、数学问题和发展学生数学核心素养之间的关系，如"实践中的数学素养模型"，我们将客观世界分为现实世界和数学世界，由于我们每个人都是现实世界中的个体，会遇到来自现实世界中的各种各样的"情境中的问题"，学生依靠外界的帮助将它转化为数学世界里的一个数学问题，即"生活问题数学化"，然后再运用适当的数学知识、策略、分析解决问题，得到数学结果，数学结果最终要转化到现实世界，服务于生活，即"数学问题生活化"。两次转化所需要的能力便是学生的数学核心素养。

在情境教学创设中，我们既要拿捏好现实世界中生活素材的尺度，又要把握好数学世界中数学知识的方向，平衡好"数学化"和"生活化"之间的关系。

二、设计层次性的数学问题，促进学生用数学的思维想问题

数学课堂是培养学生思维能力的主阵地，而有效、切合实际的数学问题是培养思维能力的主要方式和手段。在初中课堂情境教学模式中，如何设计能够引起学生思维的问

题，发展学生用数学的思维思考问题的核心素养是教师迫切需要思考的。教师的问题设计方式对学习效果有很大的影响。所以在设计问题时，必须要精心琢磨，循序渐进，设计有层次的数学问题。这里的有层次包括问题设计过程的层次性、问题结构的层次性以及学生层面的层次性。

（一）问题设计过程的层次性

问题设计过程的层次性指教师在设计问题的过程中要有一定的章法，按照知识的发生顺序一步步、有层次地进行设计，不能跳跃进行。下面给出设计问题的一般步骤。

首先，钻研教材，厘清重点难点。在设计问题前，教师需要对教材的教学目标理解透彻，以教学重点难点为依据，思考为什么要设计这样的问题，通过设计这样的问题最终能给学生带来什么样的能力。

其次，分析学情，理解学生的学习能力。根据学生的现状，找到问题的切入点，问题不能太难，也不能太简单，要符合学生的认知规律。

最后，预设可能的答案。对课堂中可能出现的答案作好提前预设，并思考相应的应对策略。

（二）问题结构层次性

问题结构层次性表现为一系列问题串间的联系性。即设计问题时，不能孤立起来看问题，而要用联系的眼光将一个个问题有机地组合起来，循序渐进，环环相扣，就好像是搭建的一级级台阶，指引学生走向更高层次的水平。比如说，阶梯式问题、变式问题、发散式问题、矛盾式问题等都能在一串问题中建立层次性，充分激发学生的思维碰撞。

（三）学生层面的层次性

学生层面的层次性，是指问题设计要根据学习主体的不同而有所区别，因材施教。也就是说，对于不同地域、不同数学水平、不同性格的学生，问题的难度、表征等设计都应有所不同。例如，在长方体的教学中，教师应注意到学生的层次性。初中阶段的学生以形象思维为主，活泼好动，对事物的好奇心较强，尽管他们在小学阶段已经初步认识了长方体，但对长方体的特征还缺乏系统的归纳。对于平行班的教学，教师应考虑到平行班学生的数学基础，要学生在无人引导的情况下直接动手搭长方体架子是比较困难的，因此教师可将搭建长方体架子的方法按照步骤拆分成对应的三个层层递进的问题，首先引导学生观察教师所给的材料，其次正确地选择所需的材料和数量，最后思考如何搭建长方体架子。在具体操作前，通过问题引导学生形成基础的搭建方法，简化实际操作的难度，最终可使小组搭建的成功率大大提升。而对于重点班的学生而言，学生的动手能力和操作能力普遍较强，教师在搭建架子前可不必明确细分搭建的步骤，可通过较为笼统的问题给学生进行点拨，以开放的形式呈现问题，在种种方式的引导下，学生自主完成搭建的成功率也会很高。由此可见，在问题设计时，教师要坚持因材施教，明确提问对象。

三、组织合作式的讨论交流，鼓励学生用数学知识讨论

根据林崇德主编的《21世纪学生发展核心素养研究》一书中对核心素养在课标中的频率分布统计，"沟通与交流"核心素养在义务教育数学课标中被提及了6次，体现了我国现行课标对学生"沟通交流"这一核心素养培育的重视。沟通价值的作用在于在交流过程中，学生要作出清晰、准确的表达，并倾听他人的意见，能够在与他人意见不一致时，懂得尊重、质疑。然而，由于课堂时间的限制等原因，当下的教师在教学中倾向于代替学生总结，给学生讨论交流的时间非常有限，这不利于培养学生的数学语言表达能力。在情境教学模式的"讨论"环节中，教师要适当组织合作式的讨论交流，鼓励学生用数学的语言表达。

（一）合作讨论要关注讨论的民主性

合作讨论是鼓励学生畅所欲言、表达自我观点的最好途径之一。不同于师生间的交流或者面向全班的汇报交流，合作讨论通过分组交流、学生间的互动为学生营造了一个相对轻松的讨论氛围，尤其对于一些内向或者学习基础差的学生来说，这是为他们提供了一个表达自我、说出真实感受的平台。在讨论过程中，我们允许学生有不同的观点，甚至天马行空的想法，最大限度地让学生围绕教学任务畅所欲言。

（二）合作讨论要体现教师的指导性

"课堂时间的限制"是教师们较少组织合作讨论的主要原因。如果在讨论过程中，教师能够发挥及时、有效的指导作用，那么讨论的效率会大大提升。合作讨论是一个动

态生成的过程，方法策略的错误、意见分歧产生的矛盾等都会阻碍讨论结果的生成，造成大量的时间耽搁。这时需要教师的介入，给予及时的引导。

四、生成全程性的反思总结，提高学生的反思技能

反思是一个人学习过程中不可或缺的环节，在数学情境教学模式中同样提倡反思性学习。通过课堂安排组织学生反思，可以引导学生回忆所学知识，再现学习过程，进一步建构和内化学习内容，增强学习效果，提升反思能力。

在笔者所研究的 8 节班级录像课中，每节课都组织学生展开了反思，教师对反思性学习给予了充分的重视，但由于当前国内外的研究中对反思性学习的实践较少，供教师借鉴学习的实例也不多，因此教师在组织学生进行反思总结中存在反思主体混淆、反思内容零碎等问题。反思总结不仅仅是对学习一般性的回顾或重复，更是对学习活动中所涉及的知识、方法、思路、策略等的探究，具有较强的科学研究性质。一个全面完善的反思应该脉络清晰地呈现知识的发生过程，检验得出的结论，提炼所用的方法。教师作为反思性学习的促进者，也应该发挥教学机智，引导学生将知识与情境发生关联，形成全程性的反思。

反思的全程性包括反思发生的全程性和反思内容的全程性。

首先，反思的发生应该贯穿于整个学习过程。反思是学习者的一种自主探究行为，具有主观能动性。反思的发生不应局限于某一个教学的具体环节，应该渗透在整个学习过程中。对于具备良好反思习惯的学生而言，任何问题情境都将是他自主反思的根源，这个反思可能出现在新课引入部分，也可能出现在小组活动中，甚至可能出现在教学过程中的任意环节。因此，教师应该在教学中注重学生反思意识和反思习惯的培养，引导学生在自主学习中进行反思。

其次，反思的内容应该涉及学习的全过程。反思不能只停留在对所学知识的回顾上，应该结合具体的问题情境，还原知识的发生过程，检验所得结论的正确性，提炼学习方法、策略，形成"回顾—检验—提炼"的全程性回顾。反思的内容包括知识、结论、学习方法、学习动机、学习策略等诸多要素。初中阶段的学生思辨能力、批判思维、反思能力尚在形成阶段，他们对应该从哪些方面进行反思、反思的目的等方面都比较茫然，因此在反思前教师不妨为他们提供一些参照思路。

第五章　基于核心素养的初中数学分层教学

分层教学就是教师根据学生现有的知识、能力水平和潜力倾向把学生科学地分成几组各自水平相近的群体并区别对待，这些群体在教师恰当的分层策略和相互作用中得到最好的发展和提高。分层教学能最大限度地为不同层次的学生提供有效的学习条件和全新的学习机会。

第一节　分层教学的内涵与理论依托

一、分层教学的内涵

"分层教学"是指将学生之间知识基础、学习能力的差异等作为教学的出发点，通过对班级组织形式和教学方式方法进行全面调整，营造出"分类指导、因材施教、个性发展"的教学环境，使不同需求层次的学生都能找到符合自身实际情况的学习目标，并且相对容易达到其学习目标的一种"差异化创新"教学方式。

随着分层教学在我国不断地实践与发展，逐渐演化出不同的形式。例如"学科分层走班"教学，是在不打破原有班级的前提下，按照学生在某一学科上的基本情况和综合能力进行分层，学生按照所分层级进入不同的班级上课，其他科目在行政班级进行常规学习。

如今大部分学校通常实行英语、数学"双科分层走班"教学，它是在原有的行政班级不变的基础上，非分层科目按原班级上课，只综合这两门分层学科，在上英语、数学课时重新将学生划分成两个新班级进行分层教学。双科分层走班教学之所以被多数学校广泛应用，是因为数学和英语这两门学科的特殊性，从学习成绩来看，学生在数学和英语的学习上呈现两极化趋势，分层教学对于这两门课程的学习能够起到一定的促进作用，既能让前面的学生吃饱，又能给后面的学生补充营养。

二、分层教学的理论基础

"分层教学"是以尊重学生的差异为立足点，以实现师生间的多元有效互动为活动形式，以实现学生的充分发展为终极目标。教育学、心理学的一些理论都能为此研究提供支持。

（一）多元智力理论

美国哈佛大学教育研究院发展心理学家、教育家霍华德·加德纳（Howard Gardner），在 1983 年提出了多元智力理论。多元智力理论认为人类具有八种智力，包括"言语语言智力、数理逻辑智力、视觉空间智力、身体运动智力、音乐韵律智力、人际沟通智力、自我认知智力和自然观察智力"。由于人类先天条件认知的不足，加上后天的发展环境各不相同，导致每个人在不同阶段的智力发展的结果也不同。但多元智力理论认为每个人在每一方面都有无限的潜能，只要提供相应的智力发展环境以及正确的引导、鼓励，每个人都能成为某一行业的出众者。

以往，我们总是用统一的标准去衡量学生，对所有学生都提出相同的要求，无视学生个体之间的差异，其实只要发现学生的长处，找到激发学生某种潜能的因子，就能促进学生智力的整体性发展。分层走班教学作为初中数学教学的一种新教学模式，能够在一定程度上调动学生上课的主动性，既能满足学生的心理发展需求，同时又能给学生的学习提供相对应的帮助与指导。其实，每个学生都有自己的长处，这就要求学校教育必须以学生为本，建立一种适应不同学生学习的教学模式。

（二）最近发展区理论

最近发展区理论是由苏联教育家维果茨基所提出的儿童教育发展观，他认为学生的发展有两种水平：一种是学生的现有层次水平，指不借助外界帮助，独立活动时所能达到的解决问题的能力水平；另一种是学生有可能发展到的层次水平，也就是在外界指导下学习所获得的能力，两者之间的距离就是"最近发展区"。

教育教学应重点关注学生的最近发展区，为学生提供带有激发其潜能的有一定难度的教学内容，从而充分调动学生学习的积极性，并且在其达到最近发展区后，根据其能力水平的变化，进一步确立下一个发展区，并为其计划能达到下一个最近发展阶段的教学内容及方法，再敦促其进行最近发展区学习。

教师必须以不同学生个体的水平差异为出发点，把学生的最近发展区转化为现有学习发展水平，并不断地使学生往更高水平的最近发展区发展，这样才能不断地促进学生的能力水平提高。分层走班教学正好符合"因材施教"的教学原则，使教学内容的进度、水平、深度更符合学生实际学习的可能性，从而确保了教师的分层教学内容及方法与各层次学生的最近发展区相适应，从而真正地促进学生的学习发展。

（三）掌握学习理论

掌握学习理论的代表是美国当代的教育家和心理学家本杰明·布鲁姆（Benjamin Bloom）。他强调在开始教学之前要对学生进行有针对性的"预评估"（即诊断性评价），以判定他们是否具备在即将到来的学习中所需的必备知识和技能；同时他将教育目标分为认知领域、动作技能领域和情感领域这三大领域，首先对单元内容目标进行科学设计及分层教学，然后进行形成性评价，对于其结果可进行相应的矫正，最后再次对其进行形成性测验，以达到最终的教学目标。他认为："学校应该创造适合儿童的教育，而不是选择适合教育的儿童"。在教学中，教师必须改变学习任务的对应目标，使其适合不同学生的认知基础，或者为弥补学生的不足有针对性地进行分层教学，只有这样才能使不同层次的学生就某一学习任务达到掌握的基本水平。这就要求对学生实施有差别的教学，关注学生的"个体化差异"，而分层走班教学恰好满足这一点，所以分层教学就大大增加了学生取得较好学习效果的可能性。

第二节　初中数学实施分层教学模式的理论探究

一、分层教学模式的特点及优越性

（一）有助于教师专业教育素质的提升

目前，新课程理念越来越强调教师教学目标的多元性，而分层教学客观上刺激了教师对自身专业素质的内在要求，迫切需要教师对教育理念的认识要不断提升，对于实际教育教学过程中的教学方法的采用、教学模式的运用等的思考和钻研更加深入，特别是分层教学对教师最直接的要求就是教师在课堂教学上要设计三个层次不同的教育教学内容，以及习题练习和不同层次的评价，教师还需要对教学大纲的精神和要求、教材选题和编写的目标、不同层次学生的实际需求等，最大限度地将自身的专业知识和专业技能丰富起来，将自身行之有效的一套知识体系建立起来，这样在客观上对于教师自身专业教育素质的提升既是外在要求，也逐步成为教师自身的内在动力。

（二）有助于提升所有学生的学习认知能力

教育要面向学生，特别是要面向全体学生是素质教育最显著的特点。针对其中学生的个性差异等问题，分层教学提供了一套切实可行的教育理念与实际操作技术，有效地解决了对学生统一施教与对学生分类指导的矛盾和问题，分层教学让学习基础较差的学生能够将一些基础的知识进行消化和吸收，让处于中等层次的学生在知识的学习中更加积极和主动，让学习基础比较好的学生更能"吃饱喝好"。在教学的过程中，通过分层教学模式的引入，每一个学生对于自己应当学习什么知识、通过学习要达到的标准是什么等都有非常明确目标，也就是能够找到自己学习的目标和方向。因而，学生自身在学习过程中的主观能动性会得到最大限度的激发，学生们在学习过程中往往表现得更加自信、更加充满活力，而且也逐渐体会和感受到学习过程的乐趣所在。作为教师，在教学开始之前应当为每个层次的学生设计好各自学习的"最近发展区"，本着"跳一跳，摘桃子"的原则，让每一个层次的学生都能够通过自身的努力达到下一个最近发展阶段，最终呈现低层次向中等层次靠拢，中等层次向高层次递进，高层次向"精英"层次转化的教育教学效果。

（三）有助于学生主体作用的发挥

在课堂教学实施过程中，学生是无可替代的主体，分层教学核心的概念就是教师不仅要将学生们分成若干个层次，而且最重要的是要将本章节的知识分解为若干层次的问题，让学生在解决问题的过程中学到应知应会的知识。特别是数学这一学科相对比较抽象，要将抽象的知识转化为具体的问题，无形当中就是把整个学习过程的主动权交予班级内的学生。这样的话，学生们在学习过程中就会将自身的积极性和能动性充分地发挥出来，自身的思维也会达到极大程度的发散，认知能力也会在不知不觉中得到提升，在学习的过程中也会感到非常轻松、身心比较愉悦，为整个学习的开展创造了活泼、自然的浓厚氛围。

分层教学是对学生主体差异性的尊重，更是将不同学生之间的差异作为便于开发利用和积极诱导的教学资源，教师可以创造性地将分层教学与小组合作学习有机地结合起来，将小组讨论引入同一层次学生的学习开展中，让学生们在学习中实现互帮互助、有机探讨、互相学习，这种模式的实施更能强化学生们在学习过程中的主体意识。

（四）有助于学生思维品质的培养

在数学学习过程中，决定学习程度高低的往往是学生的思维能力。作为教师，在课堂教学之前的备课阶段就应当对学生思维能力的培养有着精细、缜密的设计，恰当地把握好不同层次学生与不同层次问题之间的关系。对于比较简单的数学问题，学习层次较高的学生往往不需要计算就能够直接回答出来，中等层次的学生可以通过简单分析得到解题的思路与策略，而学习层次较低的学生通过认真地思考与计算往往也能够得出正确的结论，每一个层次的学生在思维上都得到了不同程度的锻炼。对于数学中的中等难度问题，学习层次较高的学生略微思考就能够解决，而中等层次和较低层次的学生通过全身心的思考与投入，在解决思维"卡壳"问题之后，自身的思维也会逐渐地活跃起来，在课堂的交流过程中不同层次之间的学生往往也能够在思维上擦出火花，这正是思维能力提升的重要环节。对于数学中非常难的题目，学习层次较高的学生也需要费尽周折、全神贯注、思维高速运转，学习层次中等和较低的学生则可以完全地放下思想包袱，抱着"啃下一点是一点"的态度，轻装上阵，往往在思维上也能够得到锻炼，有时反而会达到"意想不到"的效果。这样在教学过程中对于各个层次的学生在习题的设计上可以有针对性，但也无须让其他层级的学生进行回避，让每一个层次的学生通过学习都能够锻炼和发散自身的思维，在思维能力的提升上实现"各得其所"。

二、分层教学模式实施的必要性与可行性

（一）分层教学实施的必要性

数学新课程标准中突出强调的"人人学有价值的数学；人人都能获得必需的数学；不同的人在数学上得到不同的发展"，其基本的出发点和着眼点就是让学生形成数学素养，实现数学思维能力与数学学习成绩的长足发展。数学是一门逻辑性和系统性都非常强的学科，知识内容的组织异常严密，而且比较抽象。较之于其他学科，学生对于数学学习的兴趣和热情、对于数学知识的学习速度和接受能力等个体差异更为明显，分层教学的实施正视了学生之间的差异，将学生们按照学习基础、思维认知能力和学习成绩等分为若干个层次，对于每一个层次的学生都采取富有针对性的教学策略，比如，对于低层次的学生，要充分考虑和照顾到学生"基本能力"的培养；对于中等层次的学生则是侧重其"思考能力"的锻造；而对于较高层次的学生培养目标的定位则是提升学生的"思维能力"与"创造能力"，将"大众数学"的思维理念贯彻到实处。在"教育要面向全体学生"的要求下，分层教学的实施无疑能够让每一个学生在学习过程中更无限接近于自己的"最近发展区"，将每一个学生的潜能充分地挖掘出来。分层教学是适应新课程理念发展要求的重要方法手段之一，也是实现素质教育的必要途径。

（二）分层教学的可行性

新课程理念越来越明确强调学生是课堂教学的主体，教师的教应当是为学生的学所服务和辅助的，因此教师教学思路和方法的运用应当紧紧地围绕学生的学习需要来开展，由于传统"一刀切"的教学模式难以适应不同基础层次学生发展的要求，而且造成了学生中的两极分化，造成了统一的教学与学生个体差异之间的矛盾进一步加剧，教育的定位基点应当是"人人都发展，个个可成才"，而不是牺牲一部分学生的利益来换取其他部分学生的发展。成功教育理论告诉我们，每一个学生都是可以成功的，在走向成功的路上，每一个学生都具备着难以想象的潜能，成功的欲望越强烈，那么对应的潜能发挥就越充分。分层教学的实施正是在对于学生不同的发展潜能充分认知的基础上，力求为每

一个层次的学生最大限度地创造探索和发展的机会。

唯物主义辩证法对于引起事物变化发展的内外因之间的关系进行了充分的论证。这一理论应用到数学教学上，就是教师这个外因在教学过程中正确行使主导作用，使学生这个内因充分发挥主体作用。从学生层面来讲就是要促使自身在学习方法上更科学、在学习兴趣上更浓厚、在学习效率上更快速；从教师层面讲就是要对不同类型、不同基础、不同层次的学生搞好分类指导。

三、初中数学实施分层教学模式的原则

（一）坚持水平相近原则

在对学生们进行层次划分时，教师必须将学习基础相差无几、学习思考认知能力相近、学习成绩大致处于同一水平的学生分为相同的层次。

（二）坚持差别模糊原则

在学生们进行分层时，教师不能将层次定为一成不变，而应当根据学生们一段时间以来的学习兴趣、学习态度、学习能力、学习习惯及学习成绩等进行动态的调节，让学生们可进可退、可转可留。进步非常明显的学生，教师应当将其调高一个层次；学习发生退步的，且在学习的精气神上没有明显转变的，教师应当将其调低一个层次。

（三）坚持自我实现原则

教师在针对每一个层次的学生制定教学目标的过程中应当认真细致地考虑好分层的教学设计、作业安排及练习内容等，应当把握"跳一跳，摘桃子"的原则，即通过学生们的努力能够达成，让学生在内心能够满足"自我实现"，能够感受到学习上的成功带给他们的快乐与喜悦。

（四）坚持零整分合原则

在教学过程中，教师应当坚持教学内容的可分与可合，当分则分，该合则合。对于学生们学习的安排和要求也应当把握好收放程度，让学生们的学习与教师提供的必要辅导、帮助和点拨有机结合，掌握好限度，安排好时间，最终达成效果。

（五）坚持调节控制原则

针对不同学习层次学生的要求与呼声，教师在课堂教学中应当坚持以学习和讨论为主的思路，针对课堂教学中出现的问题，及时地对教学方案进行变通和调整，尤其要做好课堂气氛的调节，完成好各个层次学生学习的讲解与辅导。

（六）坚持积极激励原则

教师在课堂教学中要把握这样的原则，就是对学生们"多鼓励，少批评"，让整个课堂处于一种轻松愉悦的氛围中，让每一个层次的学生都感受到学习过程中教师对于自己的肯定与赞同，实现学生学习信心的提升与学习欲望的振奋，始终处于极佳的学习状态之下，时刻保持兴奋学习的精气神。

四、初中数学实施分层教学模式的要求

（一）统分结合

一方面，要科学地统筹安排好同步教授与分层教学之间的关系。要将教学大纲作为分层教学实施最基本的依据，在教学实施过程中严格按照教材的统一内容、大纲的统一要求安排好整个班级的教学时间节点和任务进度，对所有学生都根据最基本的要求进行同步教学，重点将基础的内容和知识讲清楚、讲明白，让学生们听得懂、会应用，达成基本教学目标。另一方面，要了解分层后每一个层次学生的学习兴趣、学习态度、思考认知能力等方面存在的层次性差异，实施个别教学、小组合作学习、学生自学等方式，让每一个层次的学生都能够在适宜自己进步与提升的方向上不断发展，教师应当在对每一个层次学生特点研究的基础上搞好备课，分类指导、分类推进，统一讲授、统一归总，当统则统，当分则分。特别是教师应当找准教材难易程度与学生差异程度的结合点，将教学主线明确出来并行之有效地将各个知识点串联起来，把握好"度"，让学生既统一进行又有所侧重，既按部就班又操作灵活，让分层教学真正落实到因材施教上。

（二）全员参与

让每一个学生都能够积极主动地参与到教学过程中。分层教学的实施应当尽可能地增加每一个层次中学生的活动，按照由浅入深、由易到难的总体思路进行。教师要及时地跟踪监督，准确地掌握每一个层次学生的学习状况，让层次不同、个性不同、特点不同的学生都能够有效地进行探索尝试和表现发展，层次内的学生都不是看客也不是旁观者，而是教学活动的主体，课堂真正的主人。教师为调动每一个层次中每一个学生的积极性，应当致力于轻松、愉悦、民主、和谐的课堂氛围的构建，让每一个学生在数学课堂中都拥有展现自己能力、展示自身才华的机会，教师也应当基于学生们的学习活动进行及时、有效的指导，让教学过程的针对性淋漓尽致地凸显出来，让课堂变为一个学有所得、学有所思、学有所获的有效有益的平台。

（三）逐层推进

教师应当基于不同的方面进行分层操作与实施，在分层上不仅包含学生类别的分层、教学目标的分层，还应当将综合的分层推进凸显出来。教师要明确，对于学生的分层不是固化的、一成不变的，而应当在层次间有进有出、可升可降，分层应当是实现学生递进的手段，并且通过推动学生的发展进步来体现。在推进分层上，每一个层次学生的目标应当是有梯度配置的。对于学习层次较高的学生，让他们逐步形成数学的思维、方法和核心素养，让他们的学习能力更强、学习态度更扎实、学习的意志品质更坚固；对于中等层次的学生则是让他们形成一定的思考习惯，学会用数学的眼光去看待问题，学会用逻辑的思维去解决数学中的问题；而对于较低层次的学生则是让他们逐步形成对于数学的学习兴趣，让他们能够认真听课，按时完成作业，掌握基础的知识和方法。

五、初中数学实施分层教学模式的要素构成

（一）学生分层

学生分层是教师实施分层教学的前提和基础。通过对以往的关于分层教育教学文献的研究和对比分析发现，很多学校在分层教学的实践探索过程中对于分层的策略、每个层次的称谓并不相同。但从实质上看，都是将学生按照一定的标准分为若干个层次，有的学校将学生们分为优等组、中等组和提高组，有的学校则将学生分为高等层次、中等层次和低等层次，而相对来说，比较科学的分组则是将学生们分为 A，B，C 三个层次，这样的分层只是让每个层次的学生都有了一个代号，而并不会对学生造成自尊心的打击

或学习积极性的刺激。在本书的研究中，笔者将具有较强学习基础，养成了良好的学习习惯并且形成了自己的一套行之有效的学习方法，具备极强的学习能力，学习成绩非常优异的学生分为 C 层次；将那些学习有一定基础但不牢固、不扎实，对学习有着一定的兴趣但学习不够主动，在上课时间能够注意听讲而且对于教师的教学过程有一定参与，按时完成教师布置的课上和课下作业的，具备了一定的学习能力的学生分为 B 层；将那些学习基础非常差，没有养成良好的学习习惯和学习态度，课上基本上不认真听讲，对于教师的课堂教学基本不参与，学习的困难非常大，很少能够按时完成教师布置的作业任务的学生分为 A 层次。

（二）教学目标分层

在完成学生们的分层之后，教师必须进行认真细致的思考和分析，如何紧密地按照教学大纲的标准要求，教师应当结合不同层次学生学习的客观实际，为不同层次的学生制定好切实可行的教学目标。比如，对于 A 层次的学生，可以设定这样的教学目标：要求他们掌握每一个章节中最基础的知识，启发和培养他们形成良好有效的学习习惯，强化对这一层次学生的鼓励和表扬，在课堂提问时有所侧重，帮助他们建立学习的信心，有时还辅之以必要的课外辅导手段，为他们"开小灶"；对于 B 层次的学生，设定的教学目标是注意对学生们学习能力的培养、学习习惯的纠正和学习方法的引导帮助，在新知识学习之前的预习环节注重为他们设计好几个问题作为预习的引领，在强化他们基础知识学习的基础之上，适当地安排一些中等偏上的习题练习，实现他们学习水平的"拔高"；对于 C 层次的学生，设置的教学目标为：让他们以拓展和提升为主，让他们对课本的基础知识和习题进行自行学习和练习，通过学习效果的检验，为他们安排较难、较复杂的习题，意在进一步提升他们的思维空间和思考能力。同时，教师应当结合不同层次学生的学习要求对教学目标进行适当的调整和校正，统筹考虑学生们的基础、技能与思维，实现教学目标的短期、中期与长期有效结合，并尽可能地细化到每一周、每一个章节、每一节课，实现逐渐提高、分层递进。

（三）教学过程分层

因材施教、视材而教是分层教学最基本的出发点和终极目标，在完成教学目标的制定的基础上，需要在课堂教育教学的环节完成实施，由于每个层次学生的教学目标不同，因此就必然决定了在教学实施环节要采取的思路、理念、方法等会有所区分。

一是在教学过程中教师应当紧紧围绕每个层次学生学习的目标和侧重的知识等设计不同的问题。对 C 类层次的学生，教师应当坚持课堂教学与学生自学有机结合的方式，实施必要的引导、点拨，然后设计一些带有提高性、深度性的题目，尽可能地让他们的思维得到发散，视野得到开阔，考虑问题更能抓住重点和关键；同时教师可以增加一些带有争议性的趣味题目让他们进行思考和解答。对于 A 层次的学生，教师应当尽可能地将内容简单化，增强学习的趣味性，尽可能地采取激励和赞扬的方式培养他们的学习自信心。

二是针对不同的教学内容设计不同的教学过程。教材大纲中明确的重中之重的知识要采取共同教学的方式，即使是 C 层次的学生也要认真听、认真记。其中的区别点在于 C 层次的学生重点为思维强化和训练，B 层次的学生为逻辑性思维锻炼，而 A 层次的学生则借助多媒体课件等教学媒介进行直观印象加深。

三是针对不同层次的学生安排不同的课下练习作业。尽可能地将作业设计为必答题和选答题，让学生们有针对性地进行侧重和强化练习，进而使每个层次的学生都能达成教师为他们设定的教学目标。

（四）教学评价分层

针对每一个层次学生设定了不同的教学目标、实施了不同的教学方式后，在对于学生进行考核测评时，就应当坚持不同的测评标准。对于 C 层次的学生，应着重强化他们在应对相对较难的题目、自我学习效果、知识学习进度、认知拓展程度等方面的评价；对于 B 层次的学生，考查的重点应当以中档题目为主；而对于 A 层次的学生，考评的重点则是基础知识的学习和认知程度。比如，对于一道相同的题目，如果三个层次的学生在计算速度、计算方法、计算结果上完全相同，那么 C 层次的学生只能得到一般的评价，B 层次的学生可以评价为良好，而 A 层次的学生则可以得到优秀。而且需要引起教师注意的是，对于 A 层次的学生在评价上尽可能地以鼓励为主，防止评价对于他们学习自主性和积极性的打击，让他们转变原有的不认真听讲、不能按时完成作业的学习态度，提升他们学习数学的兴趣和效果。

第三节　核心素养视域下的初中数学分层教学实施策略

随着 2017 版课程标准的颁布，核心素养的相关理论也更加深入地进入初中数学课堂。对初中数学教师来讲，要积极学习和研究新的理论，并运用新的理论来尝试改进课堂教学，让课堂更加匹配学生的发展需要。分层教学是兼顾学生差异性，同时也能推进学生共同进步的一种有效手段，那么在新的历史背景下，我们应该怎样实施分层教学呢？下面是笔者在教学中的思考和体会。

一、做好学生分层工作

分层教学的基本宗旨是"面向全体、因材施教"，这种教学方式强调让教师的"教"能够更加匹配学生的"学"，让学生在因材施教的过程中达成"分层提高"的目标，这样的处理有助于尖子生脱颖而出，让后进生奋发提升，让中档生稳步推进，如此则整个学生群体都能够获得发展。所以，在实施分层教学时，学生应该是整个教学工作的核心和主体，科学而有效的分层能够让教学工作稳步推进，进而让课堂效率得到有效提升。

在核心素养理论的指引下，教师要充分意识到学生在各方面能力上的差异。数学核心素养分成数学抽象、逻辑推理、数学建模、数学运算、直观想象、数据分析六个方面，不同的学生在上述六个方面的基础是不一样的，有的学生抽象能力很强，有的学生直观想象能力存在优势，所以教师在对学生进行分层时，要努力做到动态化的处理，即应该用动态发展的目光研究学生，多维度地对学生进行分层，而且要根据学生的课堂表现和学习情况对学生作出客观而综合的分析，同时还要进行归档处理，跟踪学生发展的每一个阶段。

必须强调的是，教师的分层没有好差之分，只是对学生能力的一种客观评价，所以分层必须要兼顾学生的自尊，不要刻意将学生归入优生或差生，这当然也就需要教师和学生展开及时而有效的沟通，让学生积极领会教师分层教学各项操作的真正意图，不能让学生因为分层教学而自尊受到伤害，从而降低学习热情。

二、以分层理念来指导教学设计

教学设计是教师组织各项教学活动的基础性工作。在分层教学过程中，教师要努力改变以往"一刀切"的常规做法，分层次了解学生的经验基础、学习方法以及思维特征，在此基础上对应每一个层次的学生设计相应的教学引导策略，培养学生的探究能力和创新意识，在推进全体学生共同进步的同时，也要让学生得到个性化的发展。

比如引导学生探索"相似三角形性质的应用"时，教师可在教学设计中分层规划学习目标，让学习能力较弱的学生结合相似三角形的有关知识求解出河的宽度；对中档学生则提出一个开放性的问题：请设计测定河宽的方案；对那些尖子生，则要求学生结合相关理论作一些拓展性的尝试，比如测定河的宽度、树的高度，等等。

在上述学习任务设计中，教师应积极做到分层安排：对于基础相对薄弱的学生，可以直接提供一个封闭性的问题，这个问题具有很强的指向性和针对性，学生能很快发现思路，并能够有效培养问题分析能力，同时学生对知识还将形成更加深刻的认识和理解，学生在处理这些基础性的问题时还容易收获信心；对于中档学生，教师可提出一个开放性的问题，力图让学生能够在自主探索中衔接问题与知识，这样的处理有助于学生发现知识的本质，同时有助于他们数学建模思维的培养；对于尖子生，教师可将发现问题的过程也移交给学生，让学生在自主探索中发现相似三角形理论的应用价值，这样的处理有助于学生质疑能力和创新意识的发展。

在以往的教学中，教师也经常感慨：一个问题安排下去，往往是尖子生快速完成，然后在那边无所事事，基础薄弱的学生则在那边抓耳挠腮、无处着手。而在上述教学设计中，分层设计可让每一个学生都有与自身能力相适应的问题，他们都需要在对应的问题上花费足够的时间和精力，才能获得问题的突破，这样的处理有助于学生能力的提升和发展。

三、努力实现辅导的分层化

分层辅导应该是分层教学的核心所在。在初中数学教学中，教师要积极采用分层辅导，分层次、分类型、分形式地做好这样一项工作。分层辅导一方面是为了帮助学生有针对性地解决分层问题，另一方面也是对学生提供分层次的引导，让不同层次的学生在学习方法上也得到更具指导性的帮扶，从而培养他们的自学能力。分层辅导主要分为课堂和课外两个部分，但是两个部分都有一个共同点，那就是教师要和学生展开有效的沟通和对话，在对话的过程中促进学生对问题的理解。教师还要进行启发和引导，让学生能够更加高效地解决问题，纠正错误。课堂上的分层辅导主要是学生在进行自主探究时，教师要及时发现学生在探究过程中的表情及动作，解读出学生可能存在的疑惑或障碍，并及时为学生提供指引。此外，学生在进行合作学习时，教师也可以通过对讨论过程的观察进行分析，发现学生可能存在的问题，在此基础上对学生进行辅导。

课外辅导不是传统意义上的"开小灶"，也不是将部分学生集中起来进行单独的授课，事实上，在日常教学过程中，学生也没有时间参加这样的辅导。有赖于信息技术的高速发展，现在这些辅导完全可以在网络上进行，比如教师可以结合学生的学习情况，针对性地制作微课视频，然后将视频文件共享在网络上，让不同层次的学生有选择地进行观看，而教师则将需要将和学生沟通的内容渗透在视频中，这样学生就可以在自主学习过程中获得提升和发展。

综上所述，在发展学生核心素养的过程中，教师要深度研究不同层次学生的基础特点和发展需要，进而在教学实践中做到更加科学的分层。同时，还要科学化地进行教学设计，对内容进行有效的分层处理，并且运用信息化手段做好分层辅导工作，在减轻学生课业负担的同时，也能很好地提升他们的学习效率。

第六章 基于核心素养的初中数学支架式教学

在初中数学教学中，无论何种形式的教学活动，都是一个循序渐进的过程。在这一过程中，需要教师为学生搭建一定的"脚手架"。基于此，支架式教学策略的应用价值逐渐突显出来。因此，笔者将立足于自身的教学经验，谈一谈如何在支架式教学策略指导下合理开展初中数学教学活动。

简单来说，支架式教学主要是指将所要学习的任务分解成不同的框架，从而逐步将学生的学习活动引向深处的教学模式。毋庸置疑，在具有一定抽象性特征的数学学科中，支架式教学的合理应用能够在一定程度上降低数学知识的理解难度，并且可以将学习的主动权交还给学生。因此，在初中数学教学中，教师应对支架式教学策略的内涵和要求有更加准确的理解，并以此为基础实施更具针对性的指导策略。这样一来，有利于使教学过程得到优化，从而逐步促进学生综合数学素养的发展。

第一节 支架式教学的内涵与理论依托

一、支架式教学的内涵

支架式教学是建构主义教学模式下较为成熟的教学方法之一，也称为脚手架教学。这种教学思想来自著名的心理学家维果茨基的"最近发展区理论"。该理论是他对教学与发展关系问题的最主要理论，他把个体的发展水平分为两种，第一种水平是实际发展水平，即由于一定的已经完成的发展系统的结果而形成的心理机能的发展水平；第二种是"潜在发展水平"，指在有知道的情况下借别人的帮助所达到的解决问题的水平，即"最近发展区"。所谓"最近发展区"是指"实际发展水平与潜在发展水平之间的差异"。

支架式教学模式强调教师的教学活动是在"最近发展区理论"的指导下，引导学生从"实际发展区"发展到"潜在发展区"。支架式教学强调以学生为主体，教师为主导。在教学活动中，教师除了关注学生知识和技能的提高，更应该引导学生构建自己的知识体系，掌握自主学习的方法，引导学生在数学学习中形成自己的数学思维。

（一）搭建脚手架

教学活动开始之前，教师应基于义务教育数学课程标准的教学目标，将教授的内容与学生的具体情况相结合，从构成要素和等级范畴来分解教学目标，选择适当的支架，从而开展教学活动。支架的表现形式是：具体例子和问题、过程和图表等；实施方式有：多媒体、直观教具等。教师应根据学生的"最近发展区"和"潜在发展水平"、知识间内在联系和义务课标要求来搭建"脚手架"，注重学生知识和技能水平的提高。

（二）创设情境

创设问题情境，就是要求教师在教学过程中，通过教学设计设置特定的场景，将学生引入其中，使学生产生疑惑，产生求知的渴望，激发学生的学习兴趣，积极参与讨论和思考。在进行情境创设时，要充分考虑学生的基本学情、教材内容以及教学目标，且与学生认知相符。这样的情境设计具有真实性和新颖性，而且能很好地反映出数学与实际生活情境的联系。在一堂数学课中，好的问题情境创设是具有连续性的。如在人教版九年级上册一元二次方程的情境创设——人体雕像的设计中，第一节情境的创设可用于引出一元二次方程的一般形式，在第二节的解一元二次方程中，我们可以由求人体雕像下部的高度来引出解一元二次方程的实际意义。该情境的设计不仅仅在于激发学生的学习兴趣，还可以将一二节教学内容恰当地衔接起来。

教师在设计情境时，如果能更好地将数学教学场景与实际生活相连接，将课本知识融会贯通，且充分发挥学生的主体作用，则会让更多的学生融入课堂，加深数学学习的兴趣。当下，由于多媒体的引入，更便于教师教学情境的实施，有利于开展支架式教学。

（三）独立探索

我们常说，教学的最终目的是使学生学会学习。学生学会学习的必备品质包含独立探索，从刚开始的依靠教师到后面的独立学习都要求学生必须有独立探索的能力。设计独立探索的教学时，教师必须要设计合理的教学目标。教师应为学生的研究问题提供合理的建议，引导学生独立思考并提出问题，培养学生的自主学习能力。当然，学生必须首先具备探究的基本条件，在探索开始之前，教师应使学生掌握探究所需的基本知识和方法。最后，教师的合理引导和启发是探究过程中必不可少的教学行为。教师应在必要时向学生展示解决问题的过程。整个课堂教学应贯穿于学生自主学习的活动中，使学生能够在独立探究中构建学习知识体系，实现知识的最大内化。

（四）协作学习

课堂上的协作学习主要由教师通过语言和问题来激发学生的思考和兴趣，指导和组织学生开展学习活动，使教师和学生之间，学生和学生之间通过讨论、协作、探究等方式开展学习活动，完成教学任务。学生在协作学习过程中的创造性思维可以得到充分发挥和培养。学生的沟通增强了学生的团队意识，充分体现了学生学习的主观能动性。现代教育不可或缺的目标是让学生学会在特定群体中生存和生活，培养参与精神和合作精神。"支架式教学"在让学生自主探究的同时，还让同学之间相互学习与合作，在个体之间的互动中建构知识。教师在设计教学时应加强互动学习的设计，为学生提供更多协作学习机会。

（五）效果评价

在课程结束时，教师要组织学生对整节课学习内容进行总结评价，学生之间进行互评。对于学生的反馈，教师要给予一定的评价，最后要对整节知识内容总结概括。同时，教师应引导学生反思并提出新的问题，以达到知识的拓展和知识的灵活运用。目前的教学评价具有评价标准多样化、评价主体多样化、评价工具人性化等特点。适应这一发展趋势，"支架式教学"的评价主体包括教师、教学管理者、学生个体、学生群体等。评价方法包括学生的教师评价、学生的自我评价和小组成员的评价以及管理者对教师和学生的评价等。支架式教学的教学评价不仅注重知识的检验，而且注重学生的态度、品德、创造力和心理素质等的考查。支架式教学评价标准全面、开放、多样化，既注重全体学生的全面发展，又注重学生的个性化发展。支架式教学的教学评价方法不仅侧重于评价结果，而且强调过程评价，旨在促进学生的发展而不是筛选。

二、支架式教学的理论基础

（一）认知结构理论

对于学生的认知结构，美国教育家布鲁纳认为，当学生学习新知识时，他们需要有效地转化和吸收知识，并且需要通过评价来强化学习的动力，学生的"学"在学习的整个过程起着至关重要的作用。对于知识本身的结构，他认为知识的学习对受教育者提出的最低的学习要求，即掌握学科的基本结构。

支架的类型与知识结构相似。本书系统地将支架与学生的认知结构相结合，即通过设计学习支架，考虑到两者的特点。教学设计要求教师要深刻理解学生的发展特点，并在"先学后教"时准确找到与"学习"相对应的障碍，体现了理解学生认知水平的重要性。维果茨基的最近发展区理论认为，除了围绕学生进行教学、考虑到学生的发展、强调教师的教学以外，强调合作学习对学生身心发展的影响也是必要的。教师需要发现学生学习过程中可能出现的问题，考虑如何解决问题，并考虑使用哪些教学方法让学生更容易突破关键点和难点。通过对教学内容进行适当分析，有必要为不同学习水平的学生设计实践教学目标，引导学生自我发展。

（二）有意义接受学习理论

无意义的学习是指，无论学生的学习需求如何，教师都会在学生面前以权威的形式呈现教科书的内容，学生为了掌握学习内容，必须将教师教授的内容与自己的认知结构生硬地结合。这种类型的学生是被动地接受知识并违反知识本身的建设性意义原则。无论学生的学习是否有效和有意义，都有必要根据奥苏贝尔的学习分类来研究教师和学生在课堂上的具体行为。对于初中学生来说，有意义的学习接受在教学中更为常见，学生可以积极主动地学习。

第二节　支架式教学设计中核心素养具体化

一、基于核心素养的支架式教学设计意义

新课改以来，教育工作者们越来越注重对学生核心素养的培养。在一线教学时，教师应该怎样在教学中落实核心素养成为教师迫切需要思考的问题。为了能够对其充分地探究，笔者认为，回归课堂才是发展学生核心素养的主要途径，教师在教学设计时应充分考虑该如何设计教学才能更好地培养学生的数学核心素养。

数学核心素养是核心素养在数学学科中的具体体现，数学思维发展、数学的方法使用等都包含在数学核心素养之中。数学知识掌握的多少或数学成绩的高低已经不再是衡量学生数学水平的唯一标准。教师在进行教学设计时，要充分考虑如何培养学生的各项能力，如表达能力、运算能力、思维能力、模型思想的能力等，要考虑如何潜移默化地培养学生的数学核心素养。支架式教学模式强调学生为主体，教师为主导。教学过程中，教师建立恰当的脚手架帮助学生学习。在支架式教学中，学生能更好地培养独立思考、协作学习等能力。

二、支架式教学设计中核心素养的具体化

在之前理论部分的研究中，笔者已经说明数学核心素养是在具有数学的专业知识技能基础之上，将数学表达能力、运算能力、思维能力和模型思想等数学思维方法和解题能力内化于心，在脱离了数学问题后依然可以发挥它的作用的一种能力。在实际教学中，学生的数学核心品质很难检测，所以在学校阶段，教育的主要任务还是放在了提高学生的数学核心知识和核心能力两个层面上，本书研究的支架式教学设计就是针对如何落实和提升学生的核心素养的能力层面的。

笔者将数学核心素养具体化为培养学生的表征、运算、思维、模型思想等能力。通过支架式教学设计，逐步提高学生这些能力，培养学生数学核心素养，是本次研究的意

义所在。

（一）数学表征

数学表征，即数学表达能力。对于数学学科而言，很多人认为数学主要是计算。没错，无数感不成数学，但这是不全面的，由于这个误区，很多教师在教学时往往忽略了学生数学表达能力的培养。有些初中学生学习数学时怕函数、怕信息提取题，归根究底，就是数学表达能力不行。其原因是学生对课本知识的理解不够透彻，难以用数学语言来表达问题。要提升学生的数学表达能力，教师的正确讲解和示范非常重要。教师在进行数学课堂教学设计时，要尽可能地鼓励学生多用数学语言表达，锻炼他们表达能力的同时，提升信息提取和加工能力，鼓励学生多说，多用数学的眼光看待问题。

（二）数学运算

运算，在初中数学中占据着重要地位，即教师要培养学生的数感和符号意识，培养学生的运算能力。义务教育阶段，学生要结合法则和运算律来解决数学运算问题。在数学课堂中，教师应采取有效的方式提升学生的数学运算能力。

（三）逻辑思维

初中数学教材的编写、设计者遵循逻辑思维，梳理了数学知识点间的内在联系，搭建了它们之间的桥梁。从三角形全等到三角形相似再到三角函数，从一次函数到二次函数再到反比例函数，数学知识都是层层推进的，这样的推进要求学生具有良好的思维能力。教学中，教师要注重培养学生展开逻辑思维，从已有的事实出发，凭借经验和直觉，通过归纳和类比等推断某些结果以及运用数学知识的能力。数学核心素养的培养强调教师不能只局限于课本知识，必须打破常规，在进行教学设计时注意挖掘隐性知识，由浅及深、慢慢推进，给学生展现自我的机会。

（四）数学建模

初中数学教学中，教师除了培养学生的运算能力外，对学生模型思想的培养也是必不可少的。从方程到函数，从建立等式到建立不等式，都需要学生具有良好的模型意识。学生需要具备从实际问题抽象出数学模型的能力，才能建立数学问题，最后才能解决数学问题。教学设计中不管是情境设计还是问题解决，都需要培养学生的模型思想。教学中，教师应鼓励学生建立等量关系，引导学生自己抽象出数学模型。

三、基于数学核心素养的支架式教学原则

笔者根据一线教学经验，在查阅支架式教学研究文献之后，对支架式教学原则进行研究，得出如下结论。

（一）以学生为主体的原则

"以学生为主体"在教学设计中有着举足轻重的地位。选择不同的主体，所设计出的教学方案截然不同。教师在选择以学生为主体设计教学时，应当充分考虑：首先，要建立以学生为主体的教学理念。其次，要找到学生的"最近发展区"，了解学生的基本学情，向"潜在发展水平"发展。例如，在学生学习二元一次方程组的解法时，教师应从学生学习实际出发，了解到学生现有知识为解一元一次方程，要解二元一次方程组，首要任务是将其转化为一元一次方程，至于怎么转化，则需要教师适当引导，最后将二元一次方程组的解法异化为学生的知识。在课堂教学前，教师应当提前对学生的知识水平进行检查，然后根据学生现有知识进行课程设计，引导学生用已学内容探索问题，更利于学生掌握新的知识。再次，情境设计应贴近学生生活。良好的教学情境能吸引学生迅速进入状态，引发学生积极思考，参与到教学中。最后，让学生在教学中获得成就感。在教学设计中，教师设定的情境问题应满足全体学生都能"跳一跳，摘桃子"，在教学活动中使他们获得满足，激起学生主动参与课堂教学的积极性。

（二）以问题为中心的原则

教学的最终目的是解决学生所遇到的求知问题，只有学生产生认知冲突，才能激起学生的求知欲，从而能顺利同化和异化数学知识。认知冲突的根本在于问题的产生。问题产生是教学顺利进行的重要基石。教师在教学设计时，应以问题为中心。问题支架是支架式教学的一种重要类型，支架式教学设计强调教师要在学生的学情范围内将新的知识点和课本教学内容转化为单个或多个支架问题，再根据支架问题的难易程度相应地在最近发展区内将其分解为多个子问题，然后学生通过独立探索、协作学习等学习方式，从简单问题到复杂问题，逐个攻破，最后在解决问题的同时构建新的知识体系。例如，

在探究二元一次方程组的解法时，将教学内容转化为"怎么将问题转化为已有知识？""在学过一元一次方程的解法后，我们可以将二元一次方程组转化为一元一次方程吗？""如何转化？""转化有几种方法？"等，学生在解决这些问题时建构新知识，最后掌握二元一次方程组的解法。

（三）以情境化为依托的原则

支架式教学特别强调"情境性学习"，指的是根据所学知识和技能的发生、发展的可能过程设计学习环境。其目的是将数学的学术形式转变为教育形式，展示知识背景，鼓励学生建构活动。在现实世界中学习可以让学生利用其原有认知结构中的相关经验来吸取和索引当前正在学习的新知识，从而赋予新知识的某种意义。教学设计中，教师要把学生放在教学的起点和核心位置，尽可能地为学生创造真实的学习环境，营造轻松民主的学习环境和学习氛围，激发学生学习和参与的积极性，激活学生的理智、经历和情感体验，最终使学生获得新知识，学习新方法，并在实际情境中培养新能力。同时，有必要设计一种能够充分调动学生非智力因素，以"情"（情绪、情感等）激发促进"意"（意志力、毅力等）的发展和优化，以培养优秀的个性品质。

第三节　核心素养视域下的支架式教学设计策略

笔者根据支架式教学设计的原则，力图在教学设计中设计更好的教学方式以便培养学生的核心素养，提出了支架式教学设计策略。支架式教学设计策略需要一定的教学理论作为基础，来达到教学目标完成的效果，以学生的学习成果为焦点，研究影响教学的原因。在教学实践中，教师不仅要关注他们所教授的策略，还要注重对学生学习策略的指导和培养，教师应根据教学需要和实际情况优化所有可用策略的设计，灵活开发并使用。教师在基于核心素养的支架式教学设计策略时，应重点关注如下三点：充分运用"最近发展区"、重视"脚手架"的搭建、营造切合实际的"教学场景"。

一、合理利用数学教学过程中的最近发展区

（一）教学过程中创设最近发展区

教师在进行教学设计时，要着重考虑学生的"实际发展水平"和"潜在发展水平"之间的差距。要完成从"实际发展水平"向"潜在发展水平"的顺利跨越，必须认真分析学生的必备条件。当我们从最终目标出发并使用递推分析法逐步靠近学生的起点时，其实质在于找出学生的"最近发展区"。当我们了解学生知道什么，不知道什么时，才能实施有效教学。当我们清楚了解学生出发点、最终目标和必备条件时，为了教学能更好地开展，教师应该把学生的"最近发展区"分割成不同等级。

（二）知识的学习中利用最近发展区

利用"最近发展区"来创设认知失衡并激发学生学习数学的兴趣。学生的学习过程是认知平衡与不平衡之间的相互转化。当学生获得新知识时，心理会得到满足，认知将暂时平衡。当新形势打破平衡状态时，学生将有动力获得新知识。

学生的认知发展水平是一个从低到高、从简单到复杂的渐进过程，因此我们的教学也必须符合这一发展过程。除此之外，"最近发展区"是随着学生的个人知识水平不断变化，而不是静止的。教学中教师应该经常更新自己的教学方式，灵活利用学生数学学习的"最近发展区"，从而更好地教学。例如：在学生已经推导出三角形的内角和是 $180°$ 的前提下，引导学生提出问题"五边形的内角和是 $360°$ 吗？如若不是，那应该是多少呢？七边形、八边形的内角和呢？任意多边形的内角和呢？"这样的例子不胜枚举，引领学生的"最近发展区"向其"潜在发展水平"发展，能加深学生学习兴趣。例如：

例 1：求方程 $4x^2=81$ 的根。

例 2：求方程 $(x+5)^2=25$ 的根。

例 3：求方程 $x^2+2x+1=4$ 的根。

例 1 采用直接开平方法可以解决，例 1 之后学生会发现例 2 与例 1 似有相同，从而打破学生的认知，例 1 是解决例 2 的基础，同理，例 2 又是例 3 的基础。能不能将例 3 的左边化成例 2 左边的形式呢？从而打破认知，建构新知。如果没有例 2，直接从例 1 到例 3，学生会不知所措。在这样的教学过程中可以很好地培养学生的数学思维，提高学生的运算能力，从而培养学生的数学核心素养。

二、重视脚手架的搭建

德国数学家高斯（Johann Carl Friedrich Gauß）关于"脚手架"的论述："在瑰丽的大厦建成之后，每个拥有自尊心的建筑师，都会拆走本不属于大厦的脚手架。"数学教学的过程就是再现和恢复"脚手架"。教学不仅仅是告诉学生"是什么"，更重要的是让学生知道"为什么"。高斯关于拆掉脚手架的论述让后人感到疑惑，所以数学家阿贝尔（Niels Henrik Abel）在评价高斯的作品时说："他像一只狐狸，用尾巴抹平了自己在沙滩上行走的脚印。"笔者认为，在教学过程中，搭建支架应注意以下两点：

（一）根据教学内容和情境搭建合适的"脚手架"

数学是一门抽象性强、逻辑缜密以及灵活的关联性科学。数学通常表达一种四维形式，且在生产生活之外。许多知识用形象语言和模型无法描述，多数人觉得数学的学习是乏味的。这些特点要求数学教师根据所教授的内容、所在情境和学生的学习状态，灵活地选择和建立不同类型的"脚手架"。首先，对于数学的高度抽象，教师应该尝试与现实生活联系起来，并用通俗易懂的语言和工具建立直观易解的"脚手架"。其次，对于严密的数学知识逻辑，教师可以为学生提供系统的知识框架，以展示出数学思维的严密性和严谨性。最后，为了数学之间的灵活关联，教师应该在知识之间搭建桥梁，引导和激励学生探索知识各部分之间错综复杂的关系，培养学生解决变量应用问题，发现知识应用的灵活性，以及思维的广阔性和灵活性。例如，在九年级数学"用列举法求概率"的过程中，针对放回与不放回实验，因为放回实验的第一次与第二次结果相同，学生很好理解，但是，在不放回实验中，许多学生容易出错，教师可以设定这样的问题情境：第一排有6个，现在要从6人中抽2人去打扫教室，求抽到李华（第一排的6人之一）的概率。学生经过独立思考与协作交流了解到，如果第一个人抽到李华，那么第二次一定不会有李华，相当于不放回实验，只要理解这一点，通过画树状图，概率问题则迎刃而解。同理，在摸球实验中，如果在3球（1红1黄1蓝）中第一次摸到红球，因为不放回，所以第二次不可能摸到红球。通过对数学语言的描述，这种教学方式构建情感体验，将数学与学生的实际生活联系起来，培养了学生对数学的兴趣。

（二）根据学生的智力参与和感性体验来搭建"脚手架"

数学课堂中，如果教师一成不变地采取先教师讲例题，学生再模仿做题的策略，就会导致"上课的时候，教师讲的都能'听懂'，课上的练习题也'会做'，但是自己下课后做题就是不会"的情况发生。其实学生的所谓"听懂"与"会做"，基本上都是模仿，没有把握本质，没有真正地参与到课堂中来，我们都知道"授人以鱼不如授人以渔"，游泳的本领不是通过看别人游泳或者是通过地上模仿而学会的，而是通过真枪实战地在水里练出来的。同样，数学知识的学习是一项要求学生亲自参与、体验和创造的活动。数学教学不是告诉学生概念、公式、定理和解决问题的方法，相反，数学教学是学生通过数学教师创造数学情境，让学生自我探索和体验，让他们在独立探索和协作学习中发现和创造数学和经验。在数学创作过程中，数学教师指导学生发现相关概念、公式、定理和问题的解决方法。

例如，在初中几何中，圆的切线证明问题复杂多变，图形错综复杂，学生做题时总感觉似是而非。在这方面，教师可以在教学中使用直观的教学支架，帮助学生掌握圆切线的本质。学生可以自己制作圆，然后用钢笔表示直线，观察直线与圆之间的位置关系，以及直线与圆相切时的特征。在实际操作中，教师引导学生发现并理解圆切线的本质和原理。这样学生就会逐步在圆中建立各种圆切线的实现形式，提高图形识别与组合、想象力和创造性思维等能力。事实上，外部运动的协调可以实现内部运动的协调，这就促进了思维的发展。支架式教学是尽可能让学生自己动手、动脑，并在这个过程中获得实质性的自我发展。

三、创设有挑战性的教学情境

情境创设是根据教科书的内容和学生的认知特点创造环境、场景和氛围，使学生能够快速进入探究学习的环境，让学生感受到学习的快乐和了解生活中的背景。培养学生创新的潜能，使学生能够积极参与并使课堂教学活跃起来。

数学家哈尔莫斯（Paul Halmos）说过："问题是数学的心脏。"教师应加强课堂教学中的问题意识，注意为学生创造不同的问题情境，让学生通过一系列思维过程培养创新思维和创新能力，从而达到培养学生数学核心素养的目的。

那么，什么样的"数学问题情境"才算"有效的"？即什么样的"问题情境"才能使学生顺利跨越"最近发展区"？笔者认为，一个良好的问题情境，除应依照问题来设计规律、教学目的和数学学科特点，并具有数学的必要因素与必要形式外，还应满足以下几个特征。

第一，可及性："跳一跳，摘桃子"。问题设计应该符合学生的一般认知规律和身心发展规律，包括学生的知识和经验、学习习惯、能力水平、生活经历和环境及基本心理状况等。

第二，直观性：它可以简单明了地展示数学特点，让学生更直接地理解数学的内涵。

第三，开放性：问题应能从多方面入手，从不同的角度进行分析，培养学生的发散思维。

第四，挑战性：教师创设极具挑战的"问题情境"，引起学生的学习兴趣。

第五，体验性：课堂上，学生亲身经历数学学习的探索，譬如公式推导证明、数学模型的建立等，学生体味数学，并能够在数学实验中表达自己的见解和困惑。

数学来源于生活，所以以学生的生活实际为素材创设问题情境，容易被学生接受、感知，同时帮助学生从实际问题中抽象出数学问题，初步培养学生的空间概念和抽象能力，起到培养学生数学核心素养的作用。

四、基于核心素养的支架式教学设计实践——以"二次函数"教学设计为例

（一）教材分析

教学内容为义务教育教科书（人民教育版）数学九年级上册第二十二章第一节第一课时。

"二次函数"是在学生学习了一次函数和对函数已经有所认识的基础上进行教学的。通过学习一次函数，学生基本掌握了函数的内容：①通过具体的事例认识这种类型的函数；②探索这种函数的图像和性质；③利用这种函数解决实际问题；④探索这种函数与相应方程的关系。本章"二次函数"的学习也是从这几个方面展开的。针对本节课教学内容，教材从现实生活中常见的体育比赛问题和产量变化问题出发，建立二次函数，让学生通过观察归纳出二次函数的一般形式。

通过本课程的学习，学生可以掌握二次函数的一般形式。根据二次函数的一般形式，可以知道函数的自变量的取值范围。学生通过现实生活中的数学问题建立数学模型，观察模型的特征，总结定义，体验数学再创造的过程，培养学生解决模型思维中遇到的数学问题的能力。

（二）学情分析

学生在八年级已经学过一次函数的一般形式，经历过由具体问题抽象出一次函数的过程，具备了学习二次函数的基本技能。在学习相关知识时，学生已有过合作学习的经验，养成了一定的数学思维，并具有一定的合作和交流的能力。

（三）教学目标

知识技能：以实际问题为例，理解二次函数的概念，掌握二次函数关系的特征。

数学思考：认识函数在实际生活中的意义。

问题解决：根据实际问题巧妙地列出二次函数的关系式，算出函数的自变量的取值。

情感态度：联系已有知识，主动参与函数学习，同时体会函数的思想。

（四）教学过程设计

1.搭建脚手架

问题支架 1：一次函数是如何表示变量之间的关系的？（$y=kx+b$）

问题支架 2：若改变正方体的棱长 x，则正方体的表面积 y 也会改变，y 和 x 之间的关系如何？

问题支架 3：物体自由下落的距离 s 随时间 t 的变化而变化，s 与 t 之间有什么关系？（$s=1/2gt^2$）

根据问题，按学生的最近发展区要求建立概念框架，提出下列问题：上述问题 2、3 中变量之间的关系能否用一次函数关系来表示？这种函数有哪些特征？

一次函数的一般形式是 $y=kx+b$，那么二次函数的一般形式应如何表示？

评析：紧跟"二次函数定义"这部分知识点，按"最近发展区"的要求建立概念框架。教学应当以学生的现有知识为基础点，设计出更适合学生的教学设计。教师用学生现有思维选择学习材料为学生设置恰当的数学情境，以适应学生的思维发展水平。这样，学生能更好地接纳新知识，使新旧知识之间产生联系。

2.进入问题情境

"脚手架"搭建好之后，引学生进入问题情境。

情境支架 1：n 个球队参加比赛，每两个队之间进行一场比赛，比赛的场次数 m 与球队数 n 有什么关系？

情境支架 2：某种产品的年产量为 20t，预计用两年时间增加产量。若每年比上年的产量提高 x 倍，则两年后这种产品的产量 y 将随计划所定的 x 的值而确定，y 与 x 之间的关系应怎样表示？

3.独立探索

成功引导学生进入设定的情境，然后让学生独立完成情境问题。在解决情境问题的过程中，教师根据学生可能遇到的困难设计了以下问题。

问题支架 4：每个队要和其他（$n-1$）球队各比赛一场，总比赛场次数用 n 怎么表示？n 和 m 之间有怎样的关系？

问题支架 5：这种产品的年产量是 20t，一年后的产量是？再经过一年后的产量是？即两年后的产量是？y 与 x 可以建立怎样的等量关系？

学生列出函数之后，引导学生观察所列出的函数 $m=1/2n^2-1/2n$ 和 $y=20x^2+20x+20$，分析它们具有什么样的特征。

评析：通过上述两个问题情境的解决，学生能深刻领会函数是描述实际问题的有效数学模型，更让学生体会到所列的函数与以前学习的一次函数有所不同，引发学生独立思考的欲望。

4.协作学习

在上一阶段教学完成后，教师引导学生进行小组合作讨论，一起总结出函数 $m=1/2n^2-1/2n$ 与 $y=20x^2+20x+20$ 中函数的关系式都是用自变量的二次式表示的。

二次函数的定义：一般地，形如 $y=ax^2+bx+c$（a，b，c 是常数，$a\neq0$）的函数称为二次函数。其中，x 是自变量，a 称为二次项系数，b 称为一次项系数，c 称为常数项。

二次函数的自变量的取值范围一般是所有实数，但在实际问题中，自变量的取值范围应根据实际问题来确定。如问题支架 2 中，$x>0$，是因为正方体的边长不能是零或者负数。

评析：通过观察对比函数的具体例子，类比找出其中的共同点，从而引导学生从中找出二次函数的定义。教师适当的提醒和引导，可以激发学生的求知欲，从中归纳二次函数的一般形式，掌握字母系数的意义。通过探索新知识的全过程，提升学生的推理和总结能力。

5.课堂回顾

（1）本次课我们做了些什么活动？

（2）本次课你学到了什么？

评析：在学生自我评价和小组评价两方面评估学生的学习成果：

（1）学生的独立探索能力。

（2）在小组合作探索中发挥的作用。

"二次函数"是在学生学习了一次函数和对于函数已经有所认识的基础上进行教学的。在支架式教学的环节中，学生经历建立二次函数的过程，有效培养了数学建模思想，通过化简，也能很好地培养学生的数学计算能力，在轻松愉悦的氛围中，培养学生的独立探索意识、数学思维和小组协作学习等能力。

第七章　基于核心素养的初中学生数学学科能力培养

数学是一门基础性较强的工具学科，它和英语、语文一样，在初中教学中具有十分重要的地位，数学是物理、化学、生物等理科学科学习与深造的基础，同时能提升人的逻辑思维能力，对唯物主义世界观的形成也有一定的影响。而初中数学是学生学习数学的一个重要阶段，它具有承上启下的作用。在这个阶段能否学好数学，将会直接关系到学生以后的数学学习。同时，在新课改的背景下，我们要对初中数学有足够的重视，努力发掘学生的学习潜能，培养学生的数学能力。新课改教育大纲明确指出：初中数学教学，要着重培养学生的学科能力，其中更要注重自学能力、创新思维能力的培养。所以，在初中数学教学过程中，教师要积极探索、总结，推动新课改下数学教学的发展。

第一节　初中生数学学科核心能力的教学研究方向

一、数学学科核心能力的教学改进

课堂教学研究方法的基本形态，主要有质的研究和量的研究两种研究范式。质的研究的具体研究方法有课堂观察、课堂话语分析、教学案例分析法等。量的研究主要是利用数学统计的方法或者信息技术手段，对课堂教学中的师生行为、教学现象与问题进行分析。

研究课堂教学目的之一是进行教学改进，其根本是促进学生素养和能力的发展。在西方常常采用如工作坊培训、同伴互助、教学案例研究等方式帮助教师提高专业素养和教学技能。在国内，教研制度成为中国特色教育体系中的一部分，在这个制度下，"磨课"成为日常教师改进教学的核心活动之一。在多次的磨课活动中，教学研究团队常常关注的是教学的关键事件的处理，以此来提升教学效果。

具体来讲，目前针对教学改进的研究主要有三种模式。

第一，以区域教研或学校听评课为主的教学改进活动。作为区域教研或学校的主要教研活动，听评课在促进教学改进、提高教师专业发展方面有着重要的作用。

第二，"教—学—评—体"教学改进模式。该模式从课堂前测到总结与反思，每个环节都能体现评价，将教学与评价自然地融合在一起，使之成为有机的整体，起到对学生学习的促进和对教师教学的改进作用。

第三，视频自我分析的教学改进研究。教师利用教学视频，自我分析，寻找教学设计与教学实施过程中的偏差，以促进教学改进和教学技能的提高。

无论是区域教研的听评课还是视频的自我分析，研究的着力点都是抓住教学中的关键事件进行打磨，以此促进教师教学行为的改变，提高教师的专业素养和技能。教师的教学行为是影响学生学习的重要因素之一，但这些教学改进模式并没能很好地回答如何评价教学行为改进效果的问题，而教学行为的改变策略对学生学习的影响是值得深入研究的问题。尽管所有的教学改进最终的目的都是促进学生能力的发展，但这些教学改进模式并没有凸显出对学生数学学科能力发展的培养与评价。

基于数学学科能力的课堂教学改进是指在综合评估学生数学学科能力状况和对教师课堂教学进行诊断的基础上。围绕教师的教学设计与课堂实施中能够培养学生数学学科能力的关键事件进行改进，通过量化与质性分析方法评估教学中教师与学生的变化，以此提高教师对学生数学学科能力培养的针对性和有效性，进而促进学生数学学科能力的发展。

基于学生数学学科能力的教学改进的目标是调查学生数学学科能力发展现状，诊断学生数学学科能力和教师在培养学生数学学科能力时在教学方面存在的问题，进而改进教师的课堂教学，评估学生数学学科能力的发展。

二、数学学科核心能力评价的教学改进策略

基于数学学科核心能力评价的课堂教学过程改进中，应以数学课堂为主要阵地，通过转变教研方式，在课堂教学实践中不断完善，促进教师教学方式和学生学习方式的转变，提高学生的数学学科核心能力水平，在这个过程中形成具体的改进策略。

（一）"同课异构"促进教学的改进策略

在研究中，"同课"不仅指教学内容相同，还指课堂教学改进目标相同。

在教学评议和教学反思的过程中，教师对问题的探讨更加深入。通过这种"同课异构"活动，可以具体探讨如何在数学课堂中进行数学学科核心能力的培养，更好地辨析哪种引入方式、哪种活动设计、哪种设问反馈方式更有利于学生的培养。在这个过程中，教师们可以相互学习不同的教学理念和教学风格。研讨后形成个人的反思，再进一步对自己的教学进行改进。在改进过程中，促使教师不断对教学进行反思，从而不断提高教学技能，另外还能够及时发现教师间的差异，互相取长补短，促进数学教师教学能力的提高。

（二）围绕数学学科核心能力听评课的改进策略

在每一个基于数学学科核心能力的课堂教学改进案例的实施流程中，会有多次听评课环节。听评课是教师了解和研究复杂的课堂教学的一种主要方式，也是发现问题、解决问题的一种有效途径。听评课的过程中离不开有效的课堂观察。课堂观察是通过观察，对课堂的运行状况进行记录、分析和研究，并在此基础上谋求学生课堂学习的改善，促进教师发展的专业活动。

在课堂教学改进项目的实施过程中，要求改进团队成员带着明确的关注点来观课，将授课教师的课堂教学过程进行细化，通过从课堂中有效地收集整理课堂信息，并依据这些信息，对数学课堂教学进行理性的分析和研究，从中发现数学课堂教学中存在的问题，提高评课的针对性和效率，使教学改进建议更具科学性和有效性。将已有的一些课堂观察量表用于课堂教学实践，为课堂教学改进提供了理论依据。在课堂观察中，不只关注教师的课堂教学行为，更关注学生的课堂表现。这是因为数学课堂教学改进的目标是提升学生的数学学科核心能力，教师的教学活动设计是为了学生的学，最终要落实到

学生身上。

带着关注点来听评课，每位参与教学改进的成员在评课时都有话可说，所提改进建议具有很强的针对性，而且也能令授课者信服，容易接受改进建议。这种详细的分析，让授课教师觉得这对改进教学设计和改变一些不良的教学习惯有很大的帮助。同时，这种方法也像给了教学改进团队的每位成员一面"镜子"，促进大家去积极反思自己的优点和不足。

（三）跟踪记录，改进成果的策略

基于数学学科核心能力的课堂教学改进是一个长期的过程，需要培养数学教师的这种课堂教学改进意识，形成自身的一套改进方法，并将这种改进意识和方法长期运用于数学课堂教学中。采用跟踪记录改进成果策略，可以使教师通过一个完整的数学课堂教学改进周期，将改进过程中每一稿的教案、学案、PPT 等材料按改进顺序保存下来，并将每次改进的原因、课堂教学改进实施中遇到的困惑和收获、授课教师的感受以及学生的变化、改进团队的评价与建议等记录下来。在这样一个持续跟踪记录的改进过程中，促进教师形成一种主动改进的意识，通过不断反思教师的教学行为和学生的学习表现，将一些好的改进方法固化下来。

实施持续跟踪记录改进成果策略具有以下教育价值。

第一，给改进学校留下了一些固化的改进成果，这些成果有利于今后课堂教学的实施。通过这种行动研究，促进校本教研的开展。

第二，这些教学改进案例可以在区域教研中进行交流推广，这些案例可以用作教师培训时培养教师分析问题、作出决策以及解决问题能力的材料，使更多教师受益，促进数学教师的专业化成长。

教学改进研究是教学研究中永恒的话题，培养学生的数学学科能力，进一步培养学生数学学科核心素养是教学改进过程中关注的焦点。在这个过程中，学生数学学科能力前后测评是依据，教学关键事件的分析与改进是核心，数学教师专业素养的提升是根本保障。

第二节　核心素养视域下初中学生数学符号意识的培养

一、核心素养视域下初中学生数学符号意识的认知

（一）数学符号

1.符号

皮埃尔·吉罗（Pierre Guiraud）作为一名著名的语言学家曾经说过："符号伴随在我们生活之中。"实际上确实如此，无论是在我们的日常生活还是在学习生活中，符号都是随处可见的。例如，在生活中禁止停车、禁止吸烟等符号，在学习中数学上的字母、化学中的元素、语文上的标点及物理中的单位等符号。

总体来说，符号实质上是某个事物的代替表示，它的作用在于用简洁的方式来替代庞杂的事物。既然符号是用来表示事物的，那它就应包含两个方面的内容：其一是符号本身，其二是它所表示的事物。在《数学符号学概论》里，刘云章教授认为任意符号都包含两个层面：符号形式和符号内容（能指与所指）。

2.数学符号

数学相关概念本就是抽象的，所以只有借助于替代物来表示才会使人们了解并理解它，我们称这个替代物为数学符号。"数学符号"，即规定的一种语言符号，一个能够表示并交流数学相关信息的用具。可见，数学符号可以精简地表示概念及法则等。

数学符号种类繁多，中外不同学者对其有不同的分类标准及依据，恰当理解并运用数学符号是有效掌握数学语言的重中之重。

（二）数学符号意识

1.意识

在心理学中研究的意识是具有复合结构的，是含感觉、知觉、思维及想象等的高级认知活动，其中思维对其发挥着关键性作用。意识可以对外部信息进行筛选，判断自己所在的实际情境并依据其不断调整自己的行为活动。意识是可以改变的，它随着个体行为活动的不断进行而改善提升。

在有关意识的探讨中，人们逐渐认识到在内部意识主要通过思维来表现，在外部则是通过对自身活动的评价与调整来体现。若个体意识处于高水平情境，便可得出其思维能力高、行为有较高的理解与表达能力的结论。我们可以依据主体的行为活动表现，去评判主体思维能力的强弱，从而判断主体意识水平的高低。与此同时，我们也能够通过改变、调整外部条件来提高主体的思维能力，从而达到发展意识水平的意图。

2.数学符号意识

结合数学核心素养、数学符号以及意识等相关内容来定义数学符号意识，即个体通过思维自觉能动地把数学相关问题概括抽象化，并在使用数学符号的感知、推理、运算以及表达等实际过程中体现出其自身的数学核心素养。这充分说明数学符号意识不只是对数学符号进行操作、运算的外在能力，也是学生个体本身良好数学思维方式的形成。

在初中阶段，学习数学符号的过程通常都是先认识和理解符号的概念、含义及表示形式，再在此基础上将数学问题用适当的数学符号进行表征，最后对数学符号进行操作应用。

二、基于核心素养的数学符号意识的特点

通过以上对数学核心素养、数学符号以及符号意识等的相关界定，笔者将基于核心素养下数学符号意识的特点归纳总结如下。

（一）阶段性

在数学核心素养下，符号意识具有阶段性。该特征要求我们注重初中生数学符号意识的生成过程，使得初中生能够在已有的数学符号基础上，随着数学学习的进行，去主动体验、领悟和反思符号的表征，理解其蕴含的思想方法，并逐步对数学符号意识形成科学的认识，最终能将现实数学问题运用适当的数学符号来简化表征并进行有效的解决。

（二）主体性

在数学核心素养下，符号意识具有主体性。在数学这一学科中，符号作为一种特殊的语言，其意识脱离了人的作用是无法生成的，符号意识的形成体现了人的主体作用，含有人的意蕴及理解。在符号意识形成中，需要充分发挥、调动初中生的积极性、自我

能动性以及自主性。

（三）层次性

在数学核心素养下，符号意识具有层次性。初中生对数学符号的认识、学习及应用是不断丰富提高的，详细来说，学生是借助客观存在的事物来抽象生成符号表述，进而对数学问题进行探索，这便可以看作数学思维的形成过程。养成习惯思维之后，初中生便可从符号的层面去探寻问题，探索解决该问题的数学思想及其方法。该特征使得初中生生成符号意识成为可能。

（四）实践性

在数学核心素养下，符号意识具有实践性。在数学学习中，符号意识的生成除了借助思维将客观事物抽象转化成符号之外，也需要通过实践验证学生的符号意识的形成程度，检验其转换结果是否正确，若没有实践这一环节，那就只能是"纸上谈兵"。我们应当鼓励并督促初中生积极主动地参与社会实践等实践探究，亲身领会符号意识的重要价值与意义，这样才有助于提升初中生的数学符号意识。

三、基于核心素养的数学符号意识的作用

当前，在弘扬"以人为本"的教育领域中，人们越来越重视培养提高初中生的核心素养。数学符号意识不是仅作为课程目标，而且也是必须具备的数学核心素养。

在数学学习的世界里处处有符号，人们借助符号来进行表述、论证等。在初中阶段，学生的数学学习任务主要是从算术学习中过渡到代数学习。在这个过渡过程中数学符号便发挥了非常重要的转化作用，初中生只有实现将具体的数、概念及定理等抽象转化为数学符号，不断增强抽象性，才能保证有效地学习代数。

此外，伴随着数学知识的丰富及数学思想方法的多元化，新的数学符号也会随之增加，其表述的方式及意义也趋于多元化，进而应用的难度也会加大。如初一年级代数式的运算、平方差公式、一元一次方程的表示求解，以及后面的几何解析、函数方面的学习，都与数学符号紧密联系，如果学生对数学符号不理解，仅要求学生对概念、命题、公式及定理机械地死记硬背，那无疑增加了他们学习数学的难度，并且如果在初中时学

生的数学符号意识不能被有效地培养和发展，那么他们在中学学习生涯中，数学学习无疑是难上加难，甚至会出现排斥、厌学的情况。

综上所述，在核心素养下培养初中生的数学符号意识对提升自身的数学素养是非常关键的，起着至关重要的作用。

四、数学核心素养下初中生数学符号意识的培养策略

符号意识作为数学核心素养之一，对学生来说是必须要灵活、熟练掌握的，而且这也是新课标所强调的。初中时期是从直观符号向抽象符号过渡的时期，也是学生符号意识培养的最佳阶段，所以对于初中阶段的数学教师而言，在课堂教学过程中对初中生符号意识的培养必须重视起来。

（一）关于核心素养下培养初中生符号认知的相关策略

1.重视符号来源、作用的讲解

符号意识含有对符号自身的认知，对符号进行全面了解、认识是初中生符号意识形成的前提。全面认知符号意味着除了认识符号的外在形式之外，还要清楚它的来源及作用，若教师能够向学生讲解它发展的起源以及其中蕴含的数学思想方法，使得初中生从多方面来认知符号，这样有助于加深初中生对数学符号的理解并深刻记忆，从而初步产生符号意识。

在学习有关符号的相关知识时，我们最先看到的就是符号的外在形式。在学生刚学习符号时，教师要强调它的读音、写法，让学生正确把握这两点最基本的要求。除此之外，我们应该知道任何事物都不是凭空出现的，符号也是如此，这就需要教师在学生学习一个新的符号时向学生说明它的起源，这样不但会增加学生学习新知识的兴趣，还会让学生对符号理解得更透彻；每一个符号的出现都有一定的原因，也有一定的出现价值，所以教师还要向学生说明创造这个符号的价值、学习这个符号的原因，它会对以后的数学学习带来哪些作用，这都是促使学生积极主动地认识符号的动力。

2.注重初中生对符号概念和本质的认知

任何符号的学习都不会脱离相关概念而单独呈现，要想把符号学好，首先得理解好相关概念。首先在学习新概念时，要从本质和外延两个层面来讲述。然后还需要教师把

握新概念的内涵与学生已有知识之间的联系，建构两者之间的关系，并多结合日常生活中与之相关的实例，以减少学生对符号的抽象感，以此为基础设计教学过程，更有利于学生掌握概念的实质。除此之外，还要配有相关的练习，在新知识与练习的交互作用下，通过变式训练让学生自己体验、总结符号的相关概念，不断加深学生对本质的认知。

比如，在学习相反数的概念时，相反数指的不是哪一个具体的数，而是两个数之间的相互关系。在理解上，教师可以从数和形两个层面入手加深学生对相反数概念的认知。从"数"这个层面可以这样来讲，若两个数的数字完全一样，符号是相反的，那么这样的两个数就称为相反数；从"形"这个层面，可以借助数轴这个中介物来解释，若两个数分别位于数轴原点的两侧，并且到原点的距离是相等的，那么这样的两个数就称为相反数。通过数形结合的方法有助于学生真正理解、掌握它的相关性质。紧接着，教师应给予学生相应的变式训练，使学生在做题的过程中理解认知相反数的性质及其应用。

初中数学对符号的学习逐渐增多，所以在初始学习时就要打好基础，牢固掌握符号涉及的相关概念和本质，在学习的过程中逐渐培养与加强初中生的符号意识。

（二）关于核心素养下培养初中生符号表征的相关策略

1.重视教学过程中符号学习的连贯性

符号表征这一维度的学习是以符号认知为基础的，若学生没有掌握数学符号认知这一维度，毫无疑问肯定会在表征这一维度出现各种问题。通过对教师们的访谈，发现他们对于符号相关知识的学习都不会特意去讲解，而是在讲授概念知识时顺带讲解，即没有把它当作一个知识点单独进行教学设计，而是融入其他的学习活动中。毋庸置疑，这种教学方式既节省了时间又将符号置于具体情境中，可以加深学生的理解，优点是非常明显的。然而，这种方式也是有很大缺陷的，在其他的教学活动中渗透符号教学，那对学生来说符号学习就变得不全面、零碎、不系统。

例如，在乘方知识的教学过程中，很多教师只是比较注重强调它的运算操作，忽视了它的表征意义，比如-2^5与$(-2)^5$，这两个关于乘方的式子结果是一致的，而它们所表征的含义却大相径庭，如果数学教师一味强调运算而不注重解释表征意义，学生也会忽视它的实质意义。所以说顺带讲解符号内容或者借助于题目来讲解，可能会使学生只是学会了模仿教师、教材在表面形式上的运用，不理解其本质的表征意义，若再换一种情境，学生就束手无策了。

教师在进行符号内容的相关教学时，要向学生表明具体的学习目标，而且要注意教学的逻辑性和连贯性，采取正确的教学方法和策略，只有当整个关于符号的教学设计做到环环相扣时，学生对符号的表征意义才能理解得更连贯和透彻。

2.重视文字语言与符号语言相互之间的互译

使用符号最大的好处在于它很简约，通过简单的形式就可以把一个复杂的事物抽象出本质。也正是由于它的抽象性给学生的认知和表征带来了困难，面对复杂的文字语言描述时很难把它用简洁的数学符号来表征。这就需要教师在平时的新课讲授中，将关于文字语言的描述与符号语言的简写同步进行讲授，通过复杂的文字语言描述可以促进学生对符号的理解，利于掌握符号所表示的含义，进而提高符号表征的意识水平。比如，$5a$ 这个代数式能够表示的含义有哪些？初中生可以将 a 看作一支钢笔的价格，$5a$ 便表示 5 支钢笔的价格；也可以将 a 看作一小时走的路程，那么 $5a$ 便可以表示为 5 小时所走的路程。数学符号在人们的生活中起着非常重要的作用，尤其是在表征、计算和解决问题方面，它能够促进数学语言之间的相互转化，增强初中生的条理性。

另外，符号自身具有形式性，包括表格、关系式、图像等形式，再由于每个学生的认知水平和学习方法的不同，可能在选择表征形式的倾向上也有所不同。但是，每种形式都有它各自的优势和局限性，并不是每种形式都适合每一个问题的表征，要依据具体情境而议，只有选择恰当的符号表征问题时，才会使问题变得简单化。在教学过程中还要培养学生符号语言之间的互译水平。符号语言之间的互译，给学生运用符号表征问题提供了更多的选择。

在互译的过程中，教师还应强调其规范性，监督表征过程并严格检查表征结果，遇到错误表征要及时纠正，指明发现的问题以及讲解正确的表征形式，并在班级进行强调。

通过文字与符号、符号与符号之间的互译，可以增强学生对概念及定理的认知，使他们能选择最有利于表征复杂问题的符号语言来表征并积极解决问题，而且学生的抽象思维能力也会得到相应的提高。

3.重视向学生传递总结符号变化规律的方法

关于符号变化规律这一水平，不能要求学生一步到位，一下就总结出关于抽象符号的表示规律，这样只会加大学生的难度，使学生产生排斥心理。遇到这种类型的问题时，教师要引导学生从自己熟悉的表征形式开始，一步一步进行转化，直到抽象出正确的符号规律，这种方法就是数学中常用的迭代法。教师引导学生先用熟悉的直观数字符号来表征观察总结出的关系式，随后再让学生认真思考每个用数字表征的关系式中各个数字及整体之间的联系，找出关联之后再尝试用抽象符号来表示。这样先用数字表示再抽象成符号，可以缩小跨度，以直观数字做桥梁，能够加深初中生的理解，使由直观到抽象的转化更为自然流畅，从而降低学生们做题的难度。

教师在教学过程中一定要重视向学生传递迭代的思想，遇到符号变化规律的题要分小步子进行，不要追求一步到位，这样反而会降低正确率，一定要重视正确方法的运用。

（三）关于核心素养下培养初中生符号操作的相关策略

1.重视培养初中生灵活操作符号的能力

所谓符号意识，就是指学生能够积极主动地运用符号的意识，以及灵活利用符号进行问题解决的能力。它不是说只要喜欢符号，有使用符号的意识，就意味着符号意识强，而是要灵活、熟练地应用符号，这样才会逐渐深化、提高学生们的符号意识。

在数学课堂教学过程中培养初中生的符号意识，首先就要求学生从符号的角度出发去看待问题，思考问题。除此之外，符号意识的培养不是单独进行的，还需要与相应的问题情境相结合，所以教师在教学过程中一定要注重创设贴近学生发展水平的问题情境，在此基础上培养学生的符号意识。比如，教师应依据初中生当前的特点以及相应的课程要求，争取多结合问题情境多加练习。而对于那些很容易混淆或者难以理解的部分，教师要做到一讲一小练，待整个部分都讲完之后再做比较综合的题型，层层递进，步步为营，逐渐增强初中生操作数学符号的灵活性。

初中生灵活操作数学符号的能力不是一蹴而就的，这需要在学习中不断体验和领悟。教师在教学的过程中要结合实际情况引导初中生理解符号及符号所表示的关系，不断提高初中生灵活操作符号的意识。

2.重视训练初中生符号运算的能力

"熟能生巧"这个古语相信大家都不陌生，意思是只要对知识、技能或工作等熟悉了、熟练了，就自然而然能想出巧妙的方法。那么关于训练提高初中生数学符号运算能力的过程也可以看作是一个熟能生巧的过程。

通常来说，大部分学生对于简单的符号运算是没有问题的，只要认真仔细一般都可以拿到满分，但是遇到相对复杂的符号运算时，学生们就开始乱了阵脚，错得离谱，哪儿都有可能出错，这也正是由于不熟练造成的。符号运算越复杂，对学生而言难度就会越大，此时就需要数学教师依据学生们平时的作业反馈情况，结合其实际情况及时调整关于符号运算的训练内容，训练题目切记不要过易也不要过难，太容易的运算对学生来说没有必要进行训练，题目太难又不易调动学生们的积极性，所以题目难度要适当，而且要有梯度，循序渐进地进行。若一个题目可以用多种运算方法来处理，那教师一定不要为了节约时间而只向学生介绍最简单的方法，要向他们详细展示讲解多种方法，让他们感受、理解并掌握每一种方法的解题思路，发散自己的思维，从而为以后运算处理更难的题奠定基础。

虽然在教学过程中，无论是哪一个学科，都在通过题海战术来使学生熟练掌握和应用知识，数学、数学符号运算也不例外，增加训练数量对学生掌握知识起着非常重要的作用，这是不可否认的，但是数量的增加不一定意味着质量就会提高。若在符号运算这一水平上仅仅依托数量上的增加，是很难达到我们想要的符号意识水平的。对学生进行符号运算训练的目的是既要算得快，又要明白理解运算的过程运用了哪些知识点。

教师在教学过程中必须向学生强调运用符号进行推理的重要性，它可以使推理变得简单明了，让学生首先从思想上先重视起来，然后再培养推理的逻辑性。初中数学课本其实每一个领域都蕴含着关于符号推理的相关材料，教师可以从各个领域选取相应的素材锻炼学生的推理能力，但注意不要局限在一个领域内，这样会使学生的思维受限，要注重从多方面多层面发展学生的符号推理能力。

第三节　核心素养视域下初中学生数学问题意识的培养

我国在教育改革后，越来越重视对学生数学核心素养的培养。培养学生的问题意识有助于学生发现问题、提出问题并解决问题，从而提高学生主动学习的能力。数学课堂问题意识的培养，可以有效提升数学教学效果。

一、问题意识的概念界定

"问题意识"一词最早见于钱学森的《关于思维科学》，用来描述直觉思维的形成过程。姚本先认为思维的问题性表现为人们认识到一些难以解决的、疑惑的实际问题或理论问题，产生的一种怀疑、困惑、焦虑、探究的心理状态，这种心理状态驱使着个体积极思维,不断提出问题、解决问题,他把这种对于思维的问题性心理品质称为问题意识。他认为问题意识有广义和狭义之分,广义的问题意识是指主体在进行认识活动时,产生了认知冲突,经过深入思考后仍困惑不解时,出现了的具有强烈的探索情境的真实问题或想作出发现式创新的一种心理状态;而狭义的问题意识主要是针对动力要素而言的,指主体怀有探索真实问题情境的强烈欲望。

俞国良、侯瑞鹤提出问题意识至少包含三层含义:一是一种问题性的思维品质,体现了思维的批判性和深刻性,反映了个体思维的独立性和创造性;二是一种意识的认知不平衡状态,即个体在认知活动中意识到难以用既有的认知结构解决问题时,发生的一种困惑、探索的状态;三是元认知对认知活动的监控、调整、评估能力,表现出个体的反思能力和提出问题的能力。

郅庭瑾提出的定义是:"问题意识指的是学生面临需要解决的问题时的一种清醒、自觉,并伴之以强烈的困惑、疑虑及想去探究的内心状态。"她认为问题意识是指学生在认知活动(掌握基本知识、基本技能,解决实际问题,学会科学的研究方法,形成正确的价值观)中意识到难以解决的、疑虑的实际问题或理论问题时所产生的一种困惑、探究、焦虑、怀疑的心理状态,这种状态驱使着学生积极思维,不断地提出新问题和解决新问题。

二、学生问题意识的培养途径

(一)营造良好氛围,鼓励质疑问难

民主、平等、和谐的师生关系是问题意识产生的良好条件,教师对待学生的提问与回答的正确态度更能强化学生的问题意识,因此教师应采用和学生一起思考的方式加以引导,帮助学生厘清问题的思路,给学生适当的点拨、示范,指导学生提问的方向和思考问题的途径,帮助学生养成发问的习惯。在教学设计上,多给学生一些探索、猜测的空间,从不同方面引导学生去发现问题、提出问题。

要重视学生提出问题的情感因素,积极营造民主、宽松的课堂氛围,鼓励学生大胆猜想,大胆质疑,既要敢于提出自己不理解的问题,也要勇于提出自己进一步思考后所产生的新困惑、新问题,要鼓励学生间互相提问,合作讨论,充分培养提出问题的自信心,要尊重学生质疑问难的精神,因势利导,创造条件,帮助学生实现对问题的探究。

要教育学生不唯书，不唯上，敢于对书本知识，对教师的论点提出疑问，提出补充，在师生之间建立一种和谐、民主、平等的人际关系，创设宽松、自由、愉快的教学氛围，学生才能无拘无束，大胆提出问题。

（二）提升教师素养，提高教学效率

培养学生提出问题的能力对教师的知识储备有较高的要求，教师作为课堂教学的主导者，只有具备丰富的专业知识，具备丰富的教学经验，具备迅速思考和反应的能力，才能够根据教学目标引导学生提出高质量的问题，引导学生进行有效的课堂讨论，帮助学生在问题解决过程中自然、轻松地掌握教学内容。此外，数学教学语言应该准确、鲜明、生动、合乎语法、用词恰当、逻辑正确、意义完整、条理清楚，通过提高教师自身的数学表达能力，可以间接培养学生的问题表述能力，教师的教学语言对学生表达能力和交流能力的培养起着不可估量的作用。

（三）创设问题情境，培养问题意识

数学问题情境，是指能够使学生在学习过程中面临的各种障碍和困难，激发他们积极寻找解决问题的方法和途径，排除这种障碍和困难，进而获得成功的情境。创设问题情境，就是从现实有趣的活动或与学生已有知识相联系的问题出发，引导学生开展尝试、探究和交流讨论等活动。良好的数学问题情境的创设，不仅可以激发学生学习的兴趣，充分调动学生学习的主动性与积极性，还可以激发他们的思维活动引导思路，掌握思维的策略和方法，从而提高其解决数学问题的能力。新课程理念下的数学教学，应结合具体的教学内容，采用"问题情境—建立模型—解释—应用与拓展"的模式展开。

1.结合实际，创设数学情境

创设问题情境应从学生已有的生活经验和知识背景出发，让学生感觉到所面临的问题是熟悉的、常见的，体会到数学就在身边，感受到数学的趣味和作用，体验到数学的魅力。联系生活、贴近生活，让学生熟知的、亲近的、现实的生活数学走进学生视野，进入课堂，把数学问题和实际生活紧密联系起来，培养学生的数学应用意识和实践能力。对课本中出现的应用问题，可以改变设问方式、变换条件结论，或者拓展类比成新的数学建模应用问题；对课本中的纯数学问题，编拟出有实际背景或有一定应用价值的建模应用问题。在实际应用的过程中，会使学生认识到知识的应用价值，激发他们想学和乐学的动机。

如在学习样本统计问题时设计如下问题情境：我们学校环境优美，绿树成荫，池塘里荷花盛开，鱼儿成群，请问你能估计鱼儿大约的数目吗？

可作如下设计：

（1）用样本去估计全体，捕 50 条鱼上来做上记号，放回池塘。

（2）过一些时间，再捕 100 条鱼上来，计算其中带记号的鱼所占比例，即可估计出整个池塘里的鱼有多少了。

（3）根据刚才的设想，假如 100 条鱼里有 20 条有记号，则池塘里有多少条鱼？

（4）如果还要了解池塘里的鱼总共大约有多少千克，价值多少，则操作时还需要了解什么？怎么设计？

2.巧设悬念，创设数学情境

在课堂中制造悬念，留有余地，让学生有自己思考的空间。提出问题后，先不作答复，而是留给学生一个悬念，以此来激发学生的求知欲望，这往往会收到良好的效果。在教学之前设置疑障，让学生大胆猜测结果，有利于在教学中激发学生的思维，培养他们的独立性。"学起于思，思源于疑"，疑问是思维的"启发剂"。学生探求知识的思维活动，总是由问题开始的，又在解决问题的过程中得到发展。在知识的关键处，思维的转折处，规律的探求处要善于设疑、精心设问，顾及思维的深度和广度，使学生"跳一跳，摘桃子"，这样才能激发学生的探索兴趣。

如在引入反证法时，先讲述《路边苦李》的故事：王戎 7 岁时，与小伙伴们外出游玩，看到路边的李树上结满了果子。小伙伴们纷纷去摘取果子，只有王戎站在原地不动。有人问王戎为什么，王戎回答说："树在道边而多子，此必苦李。"小伙伴摘取李子尝了一下，果然是苦李。

（1）王戎是怎么知道李子是苦的？他是怎么推理的？

（2）在生活中，这种推理思想时有体现，你能举出类似的例子吗？

（3）这种推理思想如何用于数学中命题的证明？从而引出反证法的定义。

3.实践操作，创设数学情境

加强实践操作，培养学生运用所学知识于实际生活的能力，恰当地使用教具，让学生自己进行实验，主动探求知识。有些数学概念可以通过引导学生从自己的实验或通过现代教育技术手段演示及自己操作去领悟数学概念的形成，让学生在动手操作、探索反思中掌握数学概念。在数学教学过程中加强实践活动，使学生有更多的机会接触生活和生产实践中的数学问题，认识现实中的问题和数学问题之间的联系与区别。以学生动手操作、社会调查、游戏、实验等作为教学出发点，让学生在活动中体验到数学在实际生活中的作用，激发学习数学的积极性。

如在教学三角形中位线时，让学生画图、剪拼，把一张三角形纸片剪成一张三角形纸片和一张梯形纸片。

（1）如果要求剪得的两张纸片能拼成平行四边形，剪痕的位置有什么要求？

（2）要把所剪得的两个图形拼成一个平行四边形，可将其中的三角形做怎样的图形变换？

在学生动手剪拼操作之后再提出：

（3）什么是三角形的中位线？一个三角形中位线有多少条？它与三角形中线有什么不同？

（4）你认为三角形中位线有什么性质？如何证明？

让学生通过添加辅助线，运用平行线、三角形全等、平行四边形等知识得出证明方法，体验合作学习成功的乐趣。

4.类比迁移，创设数学情境

在导入新知识时，创设类比发现的问题情境，让学生在比较中探讨，顺利地完成知识迁移过程。引导学生研究已学过的概念属性，然后在原有的认知结构中同化与构建。如有理数运算与小学算术的混合运算的类比；分式的基本性质与分数的基本性质的类比；整式的恒等变形与方程的同解变形的类比；相似图形与全等图形的类比；中心对称与轴对称的类比等。运用天平的平衡条件得出等式的有关性质，运用天平的不平衡条件得出不等式的有关性质，使学生在轻松的氛围中完成知识的迁移。

创设数学课堂教学情境的方法是多种多样的。新教材本身内容丰富，呈现形式多种多样，向学生提供了现实、有趣、富有挑战性的学习素材；从学生实际出发，以他们熟悉或感兴趣的学习情境引入学习主题。以问题情境为主线，通过创造问题情境来调动学生思维的参与，激发其内驱力，使学生真正进入学习状态中，达到掌握知识、训练思维和提高实践探究能力的目的。

（四）注重课堂反思，培养质疑习惯

反思是数学思维活动的核心和动力，通过反思才能使学生的现实世界数学化，没有反思，学生的理解就不可能从一个水平升华到更高的水平。解题反思即在解题之后反思该习题考核哪些方面的概念、知识和能力；验证解题结论是否正确合理；命题所提供的

条件的应用是否完备；求解论证过程是否判断有据，严密完善；有无其他解法，一题多解；众多解法中哪一种最简捷；把本题的解法和结论进一步推广，能否得到更有益的普遍性结论，等等。

引导学生反思、总结、归纳，既使他们看到自己思想的不全面，但通过培养思维的逻辑性，完善解题过程，训练思维的严密性，丰富解题思路，又引领他们揭示了概念本质的思想方法，使学生切实体验了数学思想方法对解题的指导作用。

1.反思习题多种变式

变式训练能培养和发展学生的求异思维、发散思维、逆向思维，非常有助于学生提高分析问题、解决问题的能力。学生在分析和解决几何问题时，往往只顺着事物的发展过程去思考问题，注重由因到果的思维习惯，缺乏沿着多方面去探索解决问题的途径和方法。因此，教师要抓住问题的本质特征，遵循学生认知心理发展，根据实际需要进行变式拓展，一题多问，一题多变。

2.反思习题错误根源

学生对一些几何问题缺乏多角度的分析和判断，容易造成错误。通过反思，发现自己思维过程中的不足之处，有利于培养认真细致的良好习惯。错误是一个等待被发掘的宝藏，利用得当，就会产生巨大的效能。要剖析错误原因，使学生在纠正错误的过程中掌握基础知识，理解基本概念，培养反思能力。

3.反思数学思维过程

要引导学生回顾和整理解题思路，概括解题思想，使解题的过程清晰，思维条理化、精确化和概括化。培养学生发散思维的能力，培养学生思维的严密性。充分挖掘习题的教学功能，最大限度地调动学生的思维积极性，尽可能地接触学生思维的"最近发展区"，充分暴露学生的思维过程。

4.反思习题求解方案

要引导学生分析各种解题方案，寻找解决问题的最佳方案，使学生的思维逐渐朝着多开端、灵活、精细和新颖的方向发展，在对问题本质的认识不断深化的过程中提高学生的概括能力，以促使学生形成一个系统性强、相互联系的数学认知结构。

5.反思变换拓展结论

能否变换角度审视题目结论？条件不变时，还能得出其他结论吗？能否总结出更一般化的结论？让学生总结各知识点之间的联系，总结学习的新知识与以前的知识或相关学科的联系，从中寻找它们之间的内在联系，探索一般规律，使问题逐渐深化。

通过反思，学生能积累起几何解题的经验，促进知识的同化和迁移。要从解决问题的方法、规律、思维策略等方面进行反思，总结解题经验教训，扩展思路，纵横联系，有效地拓展和迁移，培养学生举一反三、融会贯通的能力。

（五）运用错误资源，拓展思维空间

在平时的数学教学过程中由于种种原因会产生很多预料和没能预料的错误，对于这些错误，如果我们能认真地分析出错的原因，运用错误资源为教学服务，就能使数学课堂呈现出峰回路转、柳暗花明的态势。

教师应该善于充分利用学生的错误，因势利导，提高教学效率，拓展思维空间。

对于学生在课堂中出现的错误，不要轻易地直接否定和回避，而是要把它作为一种可生成的教学资源，让学生通过对错误的讨论分析，得出解决问题的方法，激发学生学习的积极性和主动性，培养学生发现问题、分析问题和解决问题的能力。在师生不断地识错、思错和纠错过程中，新的问题不断被发现，新的资源不断地生成，这对于知识视野的拓展、教学观念的转变以及师生创造性智慧的激发都会起到十分重要的作用。

1.设陷诱错，在梳理中走向成功

课堂上，不妨针对学生较难理解、易出差错的知识点设几个陷阱，诱使学生陷入歧途，制造思维冲突，从而引发学生对问题主动、积极的思考，进而留下难忘的印象。故错是质疑、激疑、制造矛盾，从而达到引思的一种方式，不但能引起学生对某些易错问题的注意，让学生自己去发现错误、剖析错误和改正错误，还可以提高学生的反思能力。

根据学生新的探究需求，抓住错误点，提供新的问题信息，刺激学生再以此为起点进行思维发散，获得更深广的体验。在错误的基础上能因势利导，更进一步，进行更深层次的挖掘，能充分激发学生的创新思维。

2.将错就错，在辨析中提高效率

在教学中发现错误是不可避免的，出错的过程应该被看作一种尝试和探索的过程。要把错误作为一种促进学生情感发展、智力发展的教育资源，将学生在课堂教学中出现的"错误"展示出来，组织学生开展讨论，找出错误的原因，从而改正错误，获得正确的认识，加深对所学内容的理解。数学课堂上的错误是真实美丽、稍纵即逝而可遇不可求的。这就要求我们有取舍扬弃的智慧，及时捕捉一些有用的问题，顺势引导，巧妙地把学生的错误作为教学资源，训练学生思维的灵活性和创造性，给学生创设良好的思维空间，引导学生多角度、全方位审视条件、问题、结论之间的内在联系，这是深化认识、

培养学生创造性思维的有效办法。

3.引错纠错，在反思中探究创新

纠错的第一步是让学生"找错"，鼓励、发动大家在书中、在所做的习题中、在听课中找出错误。而在课堂教学中，当学生在回答问题或解题出现错误时，要灵活地处理调整，采取延时评价的方式，正确了解把握学生的思维脉络，运用鼓励性语言，简练明了、恰当精要地给予评价，使"错误"信息充分呈现。反思错误原因大多为以下几点：在解题过程中自觉或不自觉地添加条件，仅从图形的直观产生潜在假设，以主观臆想代替了客观实在，没有从条件出发，没有认真审题、理性分析，导致思路欠缜密。在教学中多采取"纠错"训练，借助于"错"来激思，在思疑中启悟；由错反思，在联想中领悟；由错导思，在发现中顿悟。

（六）构数学问题链，形成认知网络

在平时的习题教学中，找出有代表性的题目作为例题，引导学生进行各种探索，对可能的思路进行研讨，通过相互交流争论，使学生的思维不断发展延伸。在数学教学中，从课堂提问到新概念的形成与确立，新知识的巩固与应用，学生思维方法的训练与提高以及实际应用能力和创新能力的增强，无不从问题开始，并在研究问题、解决问题的过程中努力实现。

问题串的形式可以让提问更加有的放矢，帮助学生思考，提升教学效果。

1.探索思考层次化

学生的思维活动总是从问题开始，又在解决问题中得到发展。教学中，教师要精心设计问题串，提出一些富有启发性的问题来激起学生思维的波澜，启发学生通过自己的积极思维，掌握获取知识的过程和方法，并主动地找到答案，最大限度地调动学生的积极性和主动性。教师要充分挖掘例题、习题的潜能，精心处理教材，激活例题、习题的"活力"，打破模式化，对常规题目进行改造，为学生创造更广阔的解题思维空间。

2.难点疑点精细化

在数学教学过程中，有些难点知识比较抽象，通过教师直白的讲解，不利于学生参与学习活动，也很难达到应有的教学效果。对此，教师可通过创设问题串，将难点知识划分成许多小问题，引导学生层层深入，步步逼近。应立足教材，根据学生现有的认知水平，想学生所想，把问题的难点疑点精细化。把一些太复杂太难的问题设计成有层次、有梯度的问题，以降低问题难度。提问要深浅适度，所提问题应该由表及里，由浅入深，层层深入，环环紧扣；所提问题要体现出知识结构的严密性、科学性、条理性，从而给学生以清晰的层次感。

3.关联问题体系化

数学知识是相互贯通、协调的，并在相应的层次及层次与层次之间呈现整体性，因此教师要对"问题串"的设计作整体的考虑。注重从同一模型、相近题类和方法的归类等形成问题链，这不仅能产生布局设计的整体效果，同时也能取得相似强化的特殊成效。

问题串是一种有效的教学方法，能够发展学生的探究能力，帮助学生学会如何判断问题的价值。可以让学生围绕教学内容进行问题串的延伸，以培养学生的问题意识，拓展学生思维的深度和广度。教学设计中以问题串为主线展开教学，通过一系列的问题串使学生思维更清晰，能更深刻地理解正在探究的问题，领悟探究活动的精髓。问题串能帮助学生获得对问题的深刻理解，以获得探究能力的发展以及对探究本身的理解。

第四节　核心素养视域下初中学生解题能力的培养

一、数学问题解决的内涵

1900 年，著名德国数学家希尔伯特（David Hilbert）做了一份《数学问题》的报告，最开始首次提出了数学问题解决的概念，这也引起了众多学者的关注，因而他们对数学问题的解决开始了新的探讨。美国教育家波利亚（George Polya）的《怎样解题》是其中最具有代表性的著作，他将问题解决整个过程分为四个环节。这也为以后进一步对数学问题解决进行研究提供了借鉴，问题解决不再仅仅是单纯的解题过程，而是学习者获得新知识技能的过程。美国全国数学管理者大会（NCSM）则认为，数学问题解决就是把已有数学知识能够应用于陌生的问题中的过程。

国内对数学问题解决的理解也各有千秋，主要研究结论如下：

常磊等人认为数学问题是一种情境，数学问题解决应该在实际问题中发生。戴再平认为数学问题是一种解题系统，问题解决的过程就是对不同的题目构建不同的知识框架进行解决。王秋海则认为数学问题解决是解决被个人数学心理场所感应的数学问题。伍远岳、谢伟琦认为，数学问题解决是指一个学习者以解决问题为目的去从事的数学认识活动。余振兴认为数学问题解决主要是利用原有的知识框架，去探索给出情境中的问题结果的一种发现过程。也就是说，数学学习活动中的问题解决更看重问题的探索、思考的过程，结果只是一种表象。

二、核心素养视域下初中学生解题能力培养的路径

（一）创新教学方式

数学教学与课本和课堂息息相关，培养初中生的数学解题能力，应该紧抓课堂和教材两个方面，并结合学校自主研发课程，提高数学的教学效率。课堂的主体是学生，教师在教学中起到一定的推动作用。

1.突出主题，尊重个体

不论是课堂教学还是平时生活中的教育，都要注重对学生的自立自强能力的培养，激发学生的求知欲望，在训练过程中，调动学生的积极性，突出他们的性格特点，最重要的是确保学生能够将在课堂上掌握的理论知识应用到实践中。与此同时，教师应该提高教学形式的多样性，训练以及提高学生的逻辑能力，形成多元化且富有个性的教学模式，使学生在解决问题的过程中既能满足自己的好奇心，又能感受到成就带来的体验。

在课堂上讲解新理论的过程中，大部分教师都是从已知内容出发，进行新旧对照。教师应该尝试创建解决新问题的方法，使学生顺利地掌握新的学习内容。教师应指导学习能力较弱的学生强化记忆，修正不正确的地方，查缺补漏，为他们提供良好的学习环境，进而增强其学习的内在动力。在教学的过程中，学生应该被给予更多的尊重与选择。

2.善于课堂提问

在教学过程中提问环节的问题大多由教师提前准备。教师应按照学生掌握知识、理论的程度进行问题分析，有意识地创建提问环节。这个环节所涉及的问题大部分是重点内容，对此教师应做到层次分明、由简到难地创建问题。提问这一环节有助于锻炼和提高学生的数学水平。现如今教学改革正在执行过程中，早期的教学思想已跟不上现阶段教育成长的步伐，在数学理论知识的讲解中，最重要的是改变一成不变的教学体制，带有选择性地增强学生的内在动力，采取有效的方法帮助他们增强自信。提问这个环节既

能够增强学生的内在动力，还能够提高学生的数学水平。在具备综合素养的情况下，不管提问方式如何都能够促进学生与教师之间的关系，增加两者之间的亲密度，改变早期课堂死气沉沉的现象，学生能够在一个充满尊重、公平以及关爱的环境中成长，通常而言，提问是充满乐趣而绝不是紧张严肃的，这也是现今教育发展中最为重要的特征。

教学过程中所提出的问题要具有一定意义，特别是能够起到提高学生水平的作用，选取开放式的方式能够提高学生的专注力，提高其积极思考分析的能力，进而获得新的理论技能，增强内在动力。

（二）纠正教学偏见

初中数学是国家规定的必修科目，无论是教育的协调成长还是提高学生的数学水平都需要教师的指引和帮助，切忌区别对待学生，对于学习力较低的学生更应该给予更多的关爱与帮助，要尽量使每个学生平衡成长，避免学生之间成长落差太大。在每堂课快要结束之前，教师可以给予学生自由分享与交流的时间，通过这种形式促使学生自主地发现问题并解决问题，从中获取准确的成果，或者教师参与到学生的讨论之中，积极与学生进行互动，建立起亲密的师生关系，学生会坦然地向教师诉说心中的质疑，教师再给予讲解，这样不仅加强了两者之间的亲密度，而且还激发了学生的学习动力，提高了数学水平。

从素质教育的方面来看，提高教师的知识储备以及进行教学讨论能够改变一成不变的教学体系，发掘出能够提高学习水平的方式，尤其是提高学生处理数学问题的水平。同时，教师之间相互交流教学方案，取其精华、去其糟粕，能形成更加完善的教学体系。以此为前提，教师应该定期地自省，在教学方面，大部分教师都具备良好的教学能力，但仍存在忽视归纳与研究的弊端，导致其教学能力停滞不前，教改期望并规定教师要充分增强教学能力，定期钻研关于教学的理论知识，同时将学习的理论应用到现实教学中，对自己的教学方式与成果进行评价，并且收集其他教师和学生对自己的教学反馈及评价等，修改弊端，尽可能地完善和提高教学水平，进而实现学生处理问题的水平不断增强的目标。

（三）帮助建立学习心态

为实现师生的真诚交流，使教师和学生建立朋友关系，应做到以下几点：

1.教师应改变自己的主导地位，经常与学生交流讨论并保持相互尊重、亲和的态度，绝不能出现歧视偏见的情况，否则会影响个别学生的心理状态。在课堂学习过程中，不仅要为学生创造轻松愉悦的环境，还应该给予学生能够进行讨论与分享的时间，进而激发学生的内在动力，促使教师与学生之间建立密切联系。需要特别注意的是，对处于叛逆期的学生一定要让他们感受到教师的关爱与重视，这样他们就能以正常的心态来面对周围事物。

2.教师应该全面掌握和理解学生的内心声音，在解决难题的过程中，主要针对他们遇到的困难给予帮助与指导，同时给予精神上的支持与启发，防止他们在解决问题时产生负面情绪，并将其转化为正向能量。部分学习能力相对较低的学生由于心理落差大，导致孤僻、不愿与其他人交流，此时教师应该给予他们更多的关爱与帮助，更多的肯定与赞扬，提升他们的自信心，促使他们尽快参与其中，得到训练并提升数学水平。

3.激发学生的学习兴趣。数学教学是一个兴趣培养和激发的过程，在这一过程中，学生的兴趣十分重要。只有在良好的兴趣指导下，学生才能积极主动地学习，进而提升解题能力。教师要经常给予鼓励、表扬，来激发学生的学习动机和学习兴趣。

（四）发挥学生自身优势

叛逆阶段的学生不论是生理还是心理都非常敏感，具体体现在他们的外在特点以及发育机能等方面上，而这主要是由他们成长发育过程中各方面的快速变化所导致的，因此教师要随时仔细观察他们的发展变化以及心理状态。青春期对于学生来说非常重要，教师应在此期间着重观察他们的发展变化，及时处理异常状况，重视性别差异性和数学水平提高的相关性。

（五）积极进行教学反思

1.针对学生自主学习的反思

在早期教学过程中，尤其是初中数学的教学中，学生首先是跟着教师记下学习内容，然后是训练，其对数学知识的掌握通常较为不易，究其缘由主要有两方面，一是教学形式刻板、一成不变，二是学生缺乏自省能力。在这种情况下，教师应该改变早期的教学形式，不论是课中还是课后都应关注学生的动态与学习情况，采用新的教学思想进行课堂教学，克服教学中存在的困难。例如：在教授"勾股定理"一节内容时，教师先让学生自己画长方形，然后在长方形里画直角三角形，让学生用尺子去测量，看看长方形的边长、面积与直角三角形的边长、面积有什么关联，最后引出勾股定理，同时让学生分组讨论，这样就能使学生真正了解和掌握勾股定理的原理。

2.针对数学活动课教学的反思

在早期的教学过程中，尤其是数学科目的教学过程中很少出现交流探讨的情况。有学者根据对现在中学生的智力水平以及解决问题的水平进行分析得知，关于数学训练题，比如求距离以及速度等，学生时常会出现分析不正确的现象，进而导致无法得出正确答案，最重要的是此阶段的学生思维的发展并未成熟，尤其是在面对一些笼统的文字展示时。对此，教师应该有意识地提升学生的思维发展高度，从直接感受发展为理性分析，在解决问题的过程中，教师应该将游戏与教学相融合。例如，在求路程以及追击的练习题上，对学生进行分组，根据习题条件分配他们前往操场进行实操，由于人性对游戏的倾向，在实操过程中，既可以使学生深刻掌握习题含义，还能激发他们的求知欲，在同类题型中，根据题意就会产生实操的意象，进而掌握解题思路，同时给予正确答案。与其他教学形式相比，这种游戏式的教学方式大幅度地增强了学生的读题水平。由此得知，要想顺利地解答初中数学训练题，一定要善于自省、勇敢尝试，细腻观看，从而不断提高解答问题的水平。

教学结合课外活动的方式，使学生进一步理解理论特点，从而增强学生的内在动力，这样就可以在无形之中提高学生的解决问题的水平。

第五节　核心素养视域下初中学生数学运算能力的培养

一、数学运算能力的界定

在义务教育阶段，能够根据一定的数学概念、法则和定理，通过计算一些已知量得出结果的过程，称为运算。能够按照一定的运算程序与计算步骤进行运算操作，称为运算技能。不仅能够根据法则、公式等正确地进行运算，而且能够理解运算的算理方法，并且能够根据题目条件寻求正确、快速、有效的运算途径，称为运算能力。

笔者认为运算能力包含以下五部分：①善于充分挖掘题目信息的能力；②灵活运用

定义、公式、法则和定理运算的基本能力；③选择合理运算方法和途径的能力；④简化运算过程的能力；⑤数学思想方法的提炼和应用能力。

二、基于核心素养的初中数学运算能力发展的理论基础

（一）建构主义学习理论

建构主义强调的是学习的主观性、社会性和情境性。

学习的主观性是指学生主动学习的过程，要从内心对学习产生足够的兴趣和求知欲，才能激发学习的潜能和构建主动学习的过程。但是，学生的主动学习存在自制力差、持久性低、阶段性的特点，基于学习的主观性特点，要求教师作为协助学生主动建构的协助者，需要在充分分析学生的特点和教学目标的基础上，设计有利于学生理解的实际问题情境，尽可能将数学问题生活化，易理解化地展开教学，而不是让学生死记硬背，这样子才能让学生充分理解数学问题与实际生活的联系，成为真正意义上的主动建构者。

学习的社会性是指学生在学习过程中，不仅仅是自己独立完成主动学习，更多的是能够进行协助学习。而教师作为课堂活动的组织者，要尽可能组织学生之间展开交流讨论、学生与教师展开交流讨论的环节，通过提出适当的问题引导学生进一步思考，进而达到理解的目的。

学习的情境性是指学习并非纯理论性的知识，而是基于生活实际背景的，是将数学与实际生活紧密联系起来的。同样，数学的学习也是为解决实际问题服务的，因此在教学过程中，要有一个从"为什么"到"怎么样"的过程，给学生提供实际的情境，使其参与其中，明白解决问题的过程，真正做到主动建构，让学生自己去发现情境中的规律和联系，引导学生自己纠错和补充自主完善意识。

（二）需求层次理论

需求层次理论提出了个体发展过程中所需要的五个层次的需求，分别为生理需求、安全需求、社交需求、尊重需求和自我实现需求。需求层次理论认为个体成长发展的内在力量是动机，而动机是由多种不同的需要所组成的，每一层次的需要与满足，将决定个体人格发展的境界或程度。

运算能力作为一个基本技能，同时也是一种需求与满足，其能促进学生内在动机的

生成，形成一定的数学核心素养。

　　数学核心素养绝不是指具体的数学知识与数学技能，也不是简单的解题方法和能力。数学核心素养依赖于数学知识与技能，凌驾于数学思想与方法之上。数学核心素养在不同的阶段具有不同的培养方式和培养目标，具有一定的持续性。数学核心素养具有以下几个特征：阶段性与持续性，抽象性与情境性，综合性与习得性。即学生在发展的不同阶段，数学核心素养的获得是一个循序渐进、不断深化的过程，也是一个不断变化更新的动态过程，数学素养不同于具体的数学知识，在教学中需要借助具体的、形象的、实在的教学情境进行渗透。

三、基于核心素养的初中数学运算能力发展的目标解析

（一）知识与技能

　　体验从具体情境中抽象出数学符号的过程，理解有理数、实数、代数式、方程、不等式；掌握必要的运算（包括估算）技能；探索具体问题中的数量关系和变化规律，掌握用代数式、方程、不等式进行表述的方法。

　　基于以上要求，结合数学运算核心素养的培养具有阶段性和持续性的特点，教师在平时的教学过程中要让学生体会概念的产生过程，充分让学生体验、感知，结合大量的实际问题背景，提供大量的素材引导学生自主学习。让学生经历"发现问题—提出猜想—验证猜想—证明猜想—解决问题"的过程，使学生有更直观的感受，更强的感知力，渗透数学来源于实际生活的思想，这样才能让学生真正理解和掌握数学符号的产生过程与表示方式，更好地理解数学的原理。

（二）过程与方法

　　通过用代数式、方程、不等式等表述数量关系的过程，体会模型思想，建立符号意识；初步学会在具体的情境中从数学的角度发现问题和提出问题，并综合运用数学知识和方法等解决简单的实际问题，增强应用意识，提高实践能力；经历从不同角度寻求分析问题和解决问题的方法的过程，体验解决问题方法的多样性，掌握分析问题和解决问题的一些基本方法。

　　基于以上要求，结合核心素养的抽象性与情境性特征，教师在运算教学过程中，不

能让学生仅仅关注结果，更要让学生充分经历结果的产生过程，让他们自己去体会，通过挖掘题目隐含的信息，在脑中快速寻求合理的解决途径，并且选择最简便的解决方法，通过不断地刺激，让学生培养出良好的运算习惯，在过程中渗透一些常见的数学思想方法。我们常说，数学的学习好比语文文言文的学习，只不过我们是把题目通过数学符号语言、图形语言等翻译过来，建立模型和符号意识，当学生培养出了这些意识，那么在今后的中学生涯中依然可以游刃有余。这也是核心素养所要渗透的关键点。

（三）情感态度和价值观

在教学中，学生能积极参与数学活动，对数学有好奇心和求知欲，在与他人合作和交流过程中，能较好地理解他人的思考方法和结论，能针对他人所提出的问题进行反思，初步形成评价与反思的意识，能感受到成功的快乐，体验独自克服困难、解决数学问题的过程，有克服困难的勇气，具备学好数学的信心。

基于以上要求，结合核心素养的综合性与习得性特征，通过问卷调查和测试，结合平时的教学实践，不难发现很大一部分学生学不好数学的原因在于对数学的学习失去了兴趣，没有积极性，没有学好的信心和求知欲。因此，在学生对数学运算还比较感兴趣的阶段，就要给学生树立好数学不难学的信心，这就要求教师在平时的教学过程中对每个学生的关注要到位，设置的练习要循序渐进，培养学生良好的做题习惯和反思习惯，充分发挥每个学生的主观能动性，让每个学生都能够积极参与到数学活动中。同时，在数学课堂教学中，适当根据教学需要布置小组合作探究的问题，鼓励学生大胆表达自己的想法，让他们感受到在小组合作学习交流中收获的快乐和信心。

四、基于核心素养的初中数学运算能力发展的教学策略

（一）在新授课中的实践

1.在新授课中的教学要领

在初中数学教学过程中，每一节的运算新授课尤其重要。概念、公式、法则是数学的基础。在每一节的新授课中，尤其在进行概念教学时，教师必须要让学生充分经历实际问题背景，体会概念的生成过程；而在法则生成过程中，要让学生经历法则的产生过程，通过具体的数字过渡到字母的表示，从特殊到一般。

核心素养为本的课程教材设计理念，旨在帮助学生亲身经历数学概念的抽象过程、数学公式法则的推导过程，亲身经历算理的逐级抽象过程，而不是仅仅停留在知识为本设计理念下的"以接受事实性知识等为主要目的"。

2.新授课中提升数学运算能力发展的步骤

（1）创设情境，提升兴趣。如何让学生快速地发现数学问题，并且对这个问题保持一定的好奇心和兴趣，这个比解决问题更重要。学生只有亲身经历数学化活动，才能真正形成数学核心素养。传统意义上的死记硬背、机械训练，对于积淀和形成数学核心素养并没有多少正面的促进作用，相反地，其负面影响更大。

数学学习的最终目的是要运用到现实生活中去解决生产生活的问题，因此在教学中，尤其是新授课教学中，教师要从学生的数学学习实际出发，结合数学课程内容，设置一些悬念问题，引起学生的好奇心和探索欲望，让他们主动参与到课堂学习中来，在思考问题、探究问题、获取答案的过程中增强对知识的掌握和应用。

（2）抽象模型，明确问题。当一个问题情境创设完后，教师可以通过铺垫设问，不断引导学生进行模型的抽象过程。如果是新概念的产生，可以类比之前学习过的知识或者已有的学习经验；如果是新运算法则的产生，那么在问题情境出现后，可以通过设置一些小问题将问题分解，抽象出这几个问题的共性和个性，明确问题的核心，理解新授课所要研究的对象和法则。

（3）大胆猜测，小心论证。明确问题后，如果学生对这些情境问题有了一个共性的认识，就可以让学生大胆进行猜测，但是猜测的前提一定是经过大量的枚举作为自己的猜测依据，给学生充分的思考时间和发言时间，而这个过程中，教师最重要的是要根据每个学生的猜测进一步进行引导和总结，然后肯定比较好的猜测，完善不完整的猜想，全班达成共性的认识后，重心下移，让学生自己经历论证的过程，在学生充分经历的过程中，实际上是培养了学生解决问题的能力、一题多解的能力以及合理选择方法的能力。

（4）定性思考，定量把握。当学生对一个新概念、新法则形成论证、认可后，接下去就是对于法则的应用了。可以下放一些题让学生充分地进行训练，同时在训练过程中思考新课内容的应用过程，感悟"特例—猜想—归纳、猜想一般结论—验证或证明一般结论"的思维方式，通过一定的题组训练，可以获得直接的经验和体验，从而能够去建构真正的数学理解，形成良好的数学直观，在这个过程中，相应的数学核心素养也将逐渐形成。

（二）在习题课中的实践

1.习题课中的教学要领

习题课的教学不仅可以帮助学生巩固所学的知识，感悟渗透其中的数学思想方法，而且还可以帮助学生提升对相关知识、方法和技能的认识与熟练程度，形成综合判断和灵活选择的意识与能力。为了提升核心素养，更重要的是，通过习题课，帮助学生提升整体把握问题的思维品质，形成灵活运用方法解决实际问题的能力。

基于以上任务目标，习题课的教学结构可以由以下几个环节组成：一是通过题组练习对问题解决方法形成整体认识，并在练习中强调解题格式要求；二是结合具体问题情境根据整体作出快速判断选择，使学生对条件与方法之间匹配的敏感度提升，形成比较区别与沟通联系的认识；三是综合运用方法解决实际问题，这里的练习设计难度不宜太大，以免打击学生学习数学运算的积极性和自信心。

2.习题课中提升数学运算能力发展的步骤

（1）整体感知方法。一节课的时间是有限的，教师要改变所有习题都让学生从头至尾做到底的情况，改变所有习题平均用力的状况，要注意习题课中练习的不单一。刚开始，可以通过题组练习的精心设计，引导学生在题组练习的基础上归纳一般方法和提炼数学思想，帮助学生形成问题解决方法以及整体认识。如果是单元练习课，则可以从整个单元的结构入手，根据单元内的不同知识进行简单针对性的基本练习，帮助学生快速回忆单元内已经学过的相关知识，整体感悟单元知识点和方法。

（2）快速判断选择。在学生对问题解决方法形成整体认识的基础上，教师不仅要设计结合变式，需要依据整体认识作出综合判断与灵活选择的练习，而且还要注意习题练习过程的有主有次和有详有略，如有的习题要写详细解答过程，比如解方程、解不等式等，有的习题则无须详解而仅仅需要对方法的选择进行判断，比如二元一次方程组方法的选择等，帮助学生对问题解决条件与方法选择之间的关联形成敏感性。

（3）比较沟通。在习题课中，教师要引导学生对多种概念、算理和方法进行综合比较、区别和沟通它们之间的内在联系，帮助学生通过练习进一步厘清概念和算理，形成方法的综合判断和灵活掌握的能力，这也是提升学生合理选择运算方法，简化运算过程的能力的关键步骤。

（4）综合运用方法。习题课中，习题只是手段，目的是通过习题练习达到方法的掌握和思想的提升。在七年级的运算教学中，学生重点需要掌握的方法和思想是整体思想、消元思想、特殊值代入方法等。在题组练习后，教师要及时引导学生对问题解决过程中的方法进行归纳概括和提炼，以提高学生掌握方法并运用方法解决实际问题的能力。

（三）在复习课中的实践

1.复习课中的教学要领

数学整理复习课是指在一个单元教学或一个长段教学结束后，对所学知识进行系统复习整理的课型，其目的是引导学生主动对知识进行系统的复习整理，实现对所学知识的结构化认识和融会贯通能力的提升，实现对所学知识个性化和创造性的内化与占有。要想对数学复习课教学的育人价值进行开发，就要重新定位数学复习课教学的功能，主要体现在以下几个方面：一是具有形成学生结构性认知能力的价值；二是具有形成学生整体综合思维能力的价值；三是具有形成学生主动学习能力的价值。

基于以上的复习课的教学育人价值和目标，七年级的数学复习课主要采用知识梳理的复习过程结构，分为教学结构和运用结构两个阶段。在教学结构阶段，主要是复习整理式的指导课，教学重点放在让学生了解知识复习与整理的过程和一般步骤上。可以让学生用各种方式独自梳理复习内容的主要知识点，各自的特点和体现共性的法则或规律，也可以让学生通过举例的方式加以说明，提供机会让学生尝试由薄到厚的知识梳理过程，鼓励学生用个性化和创造性的方式表达自己对知识内涵的丰富理解。在运用结构阶段，教学重点放在对学生整理作业的交流与评价上，发现整理过程中的独特性与创造性，并针对个别学生存在的问题进行纠正，逐渐提升学生的综合学习能力。

2.复习课中提升数学运算能力发展的步骤

（1）知识的横向和纵向梳理。由于数学复习课教学时空跨越大和容量庞大的特点，教师首先要引导学生在上复习课之前主动对知识进行回顾和整理，例如，可以借助思维导图等方式让学生自我梳理。但是，由于初中学生的年龄特点，决定了他们在知识整理过程中容易出现对书本知识的简单罗列现象，所以要注意引导学生对知识进行横向和纵向的梳理沟通，通过对知识间的内在联系寻找和发现，形成知识条块关系的结构关联和综合融通。

（2）知识的综合应用。在对知识进行横向和纵向梳理后，可以通过设置一系列题组，让学生在综合问题的解决过程中，更深地理解和掌握知识体系之间的内在联系，并加以灵活运用，同时在沟通及运用的过程中能够提升比较、归纳和概括的意识和能力，体会其中蕴含的数学思想。

（3）数学思想方法提炼。通过知识的综合运用，具体的数学体验，提炼运算中常用的整体思想、消元思想、代入思想等，培养学生的分析、归纳和概括能力，反思复习的整体框架内容，增强知识间的联系。

（四）在培优课中的实践

1.在培优课中的教学要领

在数学教师的观念中，培优课的大量操练是帮助学生在巩固所学知识基础上进行拓展性思维训练的一个根本途径。因此，在现在的数学培优课中，往往会比较重视培优题目的数量，而忽视了题目精选的质量，重视培优题目答案的呈现，而轻视了解题思想方法的提炼。而在义务教育阶段，课时是有限的，要靠每周一两节课的培优课试图快速提高学生的思维及运算能力显然是不现实的。因此在培优课中，所面临的学生和教学任务，更要求教师能够根据教学目标设计好教学思路，精选培优题目以提高课堂效率。

基于以上问题和要求，要求教师能够在培优课中改变以往刷题的态度，改变所有题目让学生从头至尾做到底的情况，要加强培优题目的针对性，根据本章节的可提高的点或思想分门别类形成有针对性的专题，可以按照知识点设置一个专题，也可以按照思想方法设置一个专题，加强培优练习的针对性，以点带面，通过培优题目的台阶搭建，环环相扣，层层递进，适时归纳总结方法，并加以相应的练习进行巩固。

2.培优课中提升数学运算能力发展的步骤

（1）合理设置题组，循序渐进。由于培优课不属于正常的教学课时，而是为了培养尖子生专门设置的课外课时，因此时间有限，课时量也不够，在确定好每个专题后，教师在前面备课选题时，一定要精挑细选，将有关本专题的提高题目进行筛选后，重新编排设置，按照从易到难或者按照知识点方法的顺序进行题组的形成，不仅为学生的学习搭建了台阶，更是建立了信心和好奇心。

（2）巧妙进行变式，巩固练习。在完成了相应的题组布置后，由于是培优课，学生的数学能力仍然有一些差异，教师的示范讲解作用也很重要，但如何检测学生是否理解，则需要教师当堂设置相应的题组变式来检测，要及时巩固，增强学生的信心和收获感。

（3）重点总结方法，根深蒂固。每一个培优专题的设置应该是典型的、必要的，而这些培优的专题更重要的是能够体现数学思想方法，提升数学能力。除了通过设置合理的题组训练，合理的变式训练，最重要的是要让学生在这个过程中提炼总结出一些思想方法，让他们在充分经历类型题、典型题的解答过程中，自己归纳获得解决本类型题目的思路，只有这样，才能对每一类型题目的解决方法根深蒂固。

第八章　基于核心素养的课堂学习评价

美国教育家斯塔弗尔比姆（Stufflebeam D.L）认为，学习评价最重要的意图不是为了证明，而是为了改进。评价不是为了甄别，而是起到导向和促进作用，是为了更好地促进学生全面发展，即以培养"全面发展的人"为核心。也就是说，评价的本质功能是促进学生的终身可持续发展。课堂评价是落实发展学生核心素养的重要载体。

数学课堂学习的评价既要兼顾考试、测验等客观性评价，更要注重师生、生生的主观评价；既要关注基础知识、基本技能的掌握，更要呵护学生在学习过程中表现出来的"必备品质"和"关键能力"，帮助学生认识自己，建立信心；既要关注学生的学习结果，更要关注他们的学习过程，课堂学习过程本身就是评价的一部分。

第一节　采取定性与定量相结合的综合性评价方法

一、案例呈现

初三学生小张的数学周记片段《数学学习阶段性自我评价》

数学期中考试卷已发下来，老师让我们先进行学习阶段性自我评价。在本次数学期中考试中我得了 113 分（满分 130 分），丢掉了 17 分，其中有 3 分是选择第 10 题，答案选 C，我算对了，但选时看错选项，很不应该；有 2 分是填空第 18 题，实在不会做；还有 12 分是最后三道题的第三小题各失分 4 分，有不会的，也有思考不周全的，这说明我在关键题的解答中存在漏洞，有挑战的空间。

结合我这半学期来的数学学习效能，这次期中考试考到这样的分是必然的。在两个多月的学习中，我的学习态度、习惯、方法、策略运用水平都存在一些问题。我自以为数学成绩一直较好，态度上有骄傲情绪。另一方面，我英语有点薄弱，这半学期放松了数学，去补英语。在习惯和方法上还是存在一些问题，只完成老师布置的作业，深入探究不够，对难题视而不见，有畏难情绪，心存侥幸。最近数学模拟试题内容综合，思维量大，方法灵活多变。由于我只满足做作业完成任务，忽视了听课的效率，有点"吃老本"，对课堂中老师的点评和同学的关键发言充耳不闻，没有上心，对数学思想方法、策略运用方面不灵活。

针对以往的不足，我应在今后的数学学习行为上作如下改进：(1)向45分钟要效率，上课认真听讲，包括倾听同伴的见解和观点，提高学习效能；(2)有疑问先钻研，再与同学探讨和交流；(3)严肃对待数学，无论平时作业还是阶段考试，必须认真审题，完整表达；(4)细节决定成败，在数学学习过程中，要关注细节问题，特别要注意单位、化简、分类讨论、数形结合等；(5)学会运用模型思考问题，掌握基本图形，要深入全面思考问题，分类讨论和多解问题要引起重视。

建构主义作为一种新的学习理论，对教和学提出新的解释，学习不是简单地由教师把知识传递给学生，而是学生自己建构知识的过程，是根据自己的经验背景，对外部信息主动选择加工处理，对信息重新认识和编码，建构自己的理解。从建构主义的立场出发，数学课堂里，教师应真实了解学生的思维活动，善于在学习建构过程中运用多样的评价手段，引发学生认知上的冲突，从而达到学生新的认知发展。因此，对学生学习的过程评价要比对学习结果评价更为重要，也就是说在评价的内容上我们既要关注学生数学学习的结果，更要关注他们在学习过程中的评价。

学生课堂评价对教师改进教学和促进学生学习具有指导、调控等作用。上述学习过程对于学生来说是一种自我评价，是一种主动参与学习的体验，能增强学生对学习的自信心，这一活动就是过程评价。长期以来，教师只定量关注学生考试成绩，评价过程经常是教师"忙"，学生"闲"。教师精力重在关注试卷分数，而忽视了学生参与评价的过程，即忽视了学生对试卷的定性评价，过低的参与度导致学生对评价结果的反馈和运用过程不了解，大大降低了学习的积极性，与当下倡导的核心素养格格不入。而上述案例中，就是定量与定性结合评价学习的成功典范，它有利于学生科学客观地看待自己的学习成绩，调整自己的学习策略和改进学习方法；有利于教师对课堂评价结果信息进行分析，了解个人学习特征，得到学习优劣势信息，帮助学生提高学习能力，培养学习兴趣；有利于及时根据需要，调整自己的策略。这种长期熏陶与渗透正是基于对人的发展的关注。课堂学习评价是与教学过程并行、同等重要的过程，它是教与学主要的、本质的、综合性的一个组成部分，应贯穿于教学的每一个环节。定性与定量相结合的综合性评价要体现一种建设性的评价观，注重评价学生行为表现的过程，评价的目的在于帮助学生，而非惩罚学生。

二、理论精要

现行课程标准中课堂学习评价倡导评价主体的多元化和评价标准的差异性。要求评价指标和标准多元、开放和具有差异性。重视指标量化的同时，更加关注不能直接量化的指标在评价中的作用，强调定性评价和定量评价的综合运用。

所谓定量分析，就是依据数据建立数学模型，并运用数学模型，计算出分析对象的各项指标，从而作出评判的一种分析方法，它最大的特点就是用数据说话。定性分析就是凭直觉、经验，凭对学生过去和现在延续的状况和最新信息，对分析对象性质、特点、发展规律作出评判的一种方法，它的最大特点就是重视过程评价，看重学生学习过程中反映出来的学习态度、学习兴趣、意志力、价值观等非智力因素。两者相辅相成，定性是定量的依据，定量是定性的具体表现。

多元智能理论是美国心理学家加德纳（Gardner）在《心智的结构》一书中提出的。多元智能理论认为每个人都同时拥有八种智能，只是这八种智能在每个人身上以不同的方式、不同的程度组合存在，使得每个人的智力都各具特色。多元智能理论背景下的课堂学习评价从过去只关注知识的传授，转变到关注学生在数学活动中所表现出来的情感态度，帮助学生认识自我，建立信心。评价要关注学生个性差异，每个学生都是独一无二的发展主体。后现代主义理论认为，教学评价不能以绝对同一的尺度去度量学生的学习水平和发展程度，要给学生的不同见解留有空间。课堂学习评价不仅仅是对当下状况的价值判断，更应开展下一步学习活动的逻辑起点，其功能是促进学生充分发挥主观能动性。核心素养下的评价要遵循学生的身心发展规律与认知规律，全面体现先进的教育理念和教育思想。由于学生个体是千差万别的，所以学生的发展也是多方面的，评价目标应是多维的，评价内容应是综合的。

核心素养下的课堂评价的基本特点就是坚持以人为本，始终把人的发展放在首位。就数学学科而言，评价的目的是培养他们的科学精神、审美情趣、实践创新等核心素养，促进学生的全面发展。这从另一个角度说明开展综合性评价，对落实学生核心素养有多么重要。

但纵观当下中小学课堂教学，由于种种原因，很多教师以一卷定好坏，大型考试以一卷定终身，严重扼杀了学生个性，忽视了学生学习品质、人格健全、学习自信心、自主发展、社会参与等方面的评价。还有部分教师整堂课就是题海训练，以试卷分数高低评价学生，让学生成为做题机器，凡此种种在评价上存在的误区，极大地影响了学生核心素养的发展，影响了核心素养在课堂教学中的落地生根。因此，如何设计课堂学习评价方法，强化评价策略指导，需要我们作出许多努力去探索和实践。

三、实践指南

采取定性与定量相结合的综合性评价方式应注意从以下三方面来设计和实施。

（一）重视对学生数学学习过程的综合性评价

课堂学习评价包括终极性评价和过程性评价，长期以来，教师关注较多的是卷面分数，即结果评价，而忽视过程评价。不同学习个体，由于个性以及知识结构等方面存在诸多差异，因此只看分数不看过程的评价显然是片面的，不利于学生全面发展。关注包括过程评价在内的综合性评价，有利于发展学生个性，有利于培养全面发展的人，真正体现以生为本，也体现以"培养全面发展的人为核心"的核心素养。

请看下面案例：

"数的开方"复习课

针对"实数的分类"，有学生提出自己的疑惑："既然整数与分数统称为有理数，那么 π/3 为什么是无理数呢？"话一说完，立即有学生站起来解释道："分数的分子与分母都应该是整数，所以 π/3 不能归为分数。"又有一名学生问："整数和分数统称有理数，无限不循环小数是无理数，一个数不可能既是有理数又是无理数。那么分数若化成小数，有没有可能是无限不循环小数呢？"片刻宁静之后，终于有一名学生回答："不可能！如果是无限不循环小数，那么这个分数就是无理数，而这显然是与'整数和分数统称有理数'相矛盾的，因此不可能。"原先发问的学生又追问："说不定有些分数化为小数恰好是无限不循环小数呢？"说到这里，下面许多同学或动笔，或用计算器……有学生站起来说："不可能，我试了好几个，要么是有限小数，要么是无限循环小数。"原先那名发问的学生还是不服气，反驳道："你又没有全部试过，怎么知道不存在呢？"又是几分钟的宁静，这时，教师介入了课堂，提示道："大家可以从除法运算的余数入手分析……"最后，在教师的引导、学生的思考与分析下，问题得到了圆满的解决。

本案例中无理数概念的建构是通过学生积极主动参与完成的，学生的思维始终处于活跃的思辨状态之中，教师只是进行引导评价，没有直接给出无理数的概念。教师放手让学生参与讨论和提出质疑，在整个过程中，教师没有指出哪个学生回答正确或错误，而是定性作了引导性评价，为学生进一步验证指明了方向。事实上，生生、师生之间的对话、互动、交流就是一种评价过程。学生核心素养下的课堂评价考查的一个重要因素是科学精神和自主学习，考查学生是否具有理性思维，批判质疑和勇于探究的科学精神；考查学生是否具有积极的学习态度和浓厚的学习兴趣，掌握适合自己的学习方法。这样的定性评价不但帮学生搞清了无理数的概念，还有效培养了学生相关的核心素养。

（二）重视对学生学习过程中表现出的非智力因素培养等全方位评价

案例：

"平行四边形"单元测试

考查包括以下内容：

1.基础知识和基本技能

请画出四边形一章的知识结构图。

结构图中包含平行四边形、矩形、菱形、正方形、梯形、直角梯形、等腰梯形的定义及其性质定理和判定定理。

把知识结构图画完整的——及格等级。

写出各定理中两个适用条件的——良好等级。

写出三个及以上适用条件的——优秀等级。

2.知识迁移能力

你能举出在生活中的平行四边形、矩形、菱形、正方形、梯形、直角梯形、等腰梯形的例子吗？

能举出三个正确例子的——及格等级。

能举出四个正确例子的——良好等级。

能举出五个及以上正确例子的——优秀等级。

3.创造性想象力

你能举出添加梯形辅助线的方法吗?

能给出一种合理的作法的——及格等级。

能给出两种合理的作法的——良好等级。

能给出三种合理的作法的——优秀等级。

能给出四种及以上合理的作法的——加10分。

4.动手实践能力

已知线段 a, b, e, f（如图9-1所示），求作梯形 $ABCD$，使 $BC /\!/ AD$，$AB=a$，$AD=b$，$AC=f$，$BD=e$，说出做法及根据。

作出基本图形——及格等级。

说出作法——良好等级。

写出根据——优秀等级。

图9-1

5.学习能力

请你说说在这一章学习中你认为最好的学习方法是什么？只要想出一种方法无论是对是错，就给及格；如果想法合理能够行得通就给良好；如果是一种简捷的方法并说明理由就给优秀。

（以学生自己打分和对桌互评两种形式统计考查结果，然后课代表整理。）

长期以来，谈到课堂评价，提及最多的是考试（称为学业成绩单维评价），主要考查的是课内知识。这样的评价仅仅考查了课堂学习评价的一部分，却被视为学生整体的表征，或被当作学生整个人格价值的表征。评价内容要综合化，既重视基础知识方面的评价，更重视对学生在此过程中表现出来的创新、探究、实践、合作、情感与态度等多方面的评价，上述案例考查了学生五个方面的内容。

第一个考查内容是基础知识、基本技能，分三等级，仅仅考记忆属于合格等级；考知识结构重建属于良好等级；把知识内化为自己的知识、纳入到自己完整的认知结构属于优秀等级。

第二个考查内容是知识迁移能力，比第一个考察内容要求高些，不同的学生会有不同的评价标准。能够举出例子，说明学生基本具有把数学知识迁移到新环境中的能力，所以评价为良好；举出五例，说明学生能很好地解释生产生活中的问题，属于优秀。

第三、第四个考查内容是学生的实践创新能力，画图关注动手能力，作辅助线关注创新能力。也分别列出了及格、良好、优秀等不同等级。全面、全方位作出恰当的评价，为学生全面发展夯实了基础。

第五个考查内容是学生的学习能力，关注的是学生是否具有学习的核心素养。与当下国家提倡的发展学生核心素养高度吻合。通过这一案例可以看出，由于学生的发展是多方面的，教师评价也是全方位的，评价内容也是综合的。

（三）重视对学生在学习过程中表现出来的理解能力、认知能力等不同程度的差异性评价

案例：

"数据的整理与初步处理"教学片段

教师设计了一个"绿色奥运小志愿者"活动。要求小志愿者帮奥运会组委会计算男子跳水三米板选拔赛最后得分。10位评委为中国选手田亮和俄罗斯老将萨乌丁打分如下表所示：

	1	2	3	4	5	6	7	8	9	10
萨乌丁	9.5	9.6	9.3	9.4	9.6	9.6	9.4	9.3	9.7	8.1
田亮	9.3	9.4	9.3	9.5	9.5	9.5	9.3	9.1	9.6	9.5

教师：我们先来算他们的最后得分，看看谁的成绩更好。

有几个学生在下面开始"嘀嘀咕咕"，跟着争论起来。走过去一瞧，呵！这几个小家伙正争得面红耳赤，其中有几个人认为是萨乌丁的成绩好，大部分的学生则认为田亮的成绩更好。

教师：A同学认为是萨乌丁的成绩好。

教师扔出的"重磅"炸弹，引起了学生的注意力，下面一片哗然。

立即有学生B在下面说：我们的跳水王子怎么可能会输给老外呢？

教师：奥运会可是凭实力说话的哦！不能感情用事！你的理由是什么？

学生B：我可没有感情用事，我可是用数据来说话的哦！萨乌丁的平均分是9.35，而田亮的平均

分是 9.4，怎么可能是萨乌丁好呢？

这时教师并没有立刻回答，而是转向 A 同学说：你能来解释一下，为什么你会得出萨乌丁的成绩好呢？

学生 A：能。我也知道萨乌丁的平均分是 9.35，田亮的成绩是 9.4，但从表中的数据我们却可以发现，除第四位和第十位评委为田亮打的分数高于萨乌丁外，其余评委为田亮打的分数均不高于萨乌丁，也就是说十位评委中有九位认为萨乌丁跳得更好，显然有些同学认为田亮的成绩更好难以让人信服……

上例中答案不唯一，对于同一组数据，不同的人从不同的角度思考可以得到不同的选择结果，在这堂课的课堂探究活动中，当学生以为已有了答案时，却不断有学生提出自己不同的看法，此时，教师并不因为"意外"而敷衍了事，也并不是简单地给出答案，而是运用发展性评价语言"你的理由是什么？""你能来解释一下，为什么你会得出萨乌丁的成绩好呢？"让学生展示自己独特的思维方法，体现了学生的不同思维水平，给了学生更大的探索和感悟的空间。于是，学生能借助教师的评价性语言跳跃到另一个领域去探讨，这是学生思维火花的闪现，也是学生个性的体现。从上述的分析研究看来，评价不再是静态的、功利的；而是动态的、发展的。评价目标是多元的、评价方法是多样的。核心素养下的课堂评价要求我们突破评价学习结果的单一的评价模式，打破评价的终极性缺憾，让评价更有暖色情调和人文因素，从而建立了定性与定量相结合的综合性动态评价体系。

第二节　运用基于生长理念的多样化学习评价方法

一、案例呈现

一教师执教"做什么事情最快乐"时，问学生："当小青蛙问你'做什么事最快乐'的时候，你该怎样回答呢？"有的学生说："我是大花猫，捉老鼠最快乐。"有的学生说："我是蜻蜓，捉蚊子最快乐。"还有的学生说："我是乌龟，游泳最快乐。"教师都一一肯定。当有学生说："我是太阳，照亮人们最快乐"时，教师抓住这一体现积极人生态度的"生长点"，及时给予最真挚最热情的赞赏——"你有一颗伟大的心！尽自己的努力为别人做事，做的是有用的、有意义的事！"教师的评价是赞赏，更是引领生成，激发了其他学生的思维活力，生成了无限风光："我是花，我用自己打扮美好的世界最快乐。""我是风，我让人们在热的时候得到凉爽最快乐。""我是萤火虫，在黑夜里为人们照明最快乐。"

教育家杜威指出：教育即生长，教育即生活。生长就是朝着结果的累积运动，教育就是不断地生长，在教育自身之外，没有别的目的。绿色、生态、可持续发展应是生长理念下的基本特征。学生核心素养下的评价方法，应为学生创造良好的学习环境，这其中包含课堂学习评价环境，尊重学生生长的客观规律，通过多样化评价，精心呵护学生的学习兴趣和好奇心，最终让学生健康、自主、和谐地成长。生长理念下的评价方式，给每一个孩子提供了机会，使不同水平的孩子在原有的基础上都能得到良好的发展。

这种评价的特点一是肯定学生的美好愿望，呵护学生积极向上的心理品质，二是引领学生向更美好的品质发展，润物无声地对学生进行了情感熏陶（积极履行公民义务），积极的人生态度（帮助他人快乐）潜移默化地植根学生心灵。"人性中最根深蒂固的本性是想得到赞赏。"智慧而又巧妙地运用"赞赏"式评价，能润物无声地引发学生自我生长。这就是下面要谈的赞赏式评价。

二、理论精要

认识生长理念下的课堂评价要做到两个需要。

一是动态课堂的需要。课堂中的运动变化是教师与学生、学生与学生、教师和学生与文本等因素的相互作用构成的。动态的课堂具有不可预见性。核心素养下的课堂评价需要以动态的、生成的眼光来看待、审视。评价主体是教师和学生，评价的最终目的是使学生获得生长，在此过程中，教师要促进不同层次学生得到不同程度的发展评价。核心素养下的课堂评价并不独立于课堂教学过程之外，其本身就是教学。

二是基于学生的需要。学生需要尊重，他们具有主观能动性，是课堂真正的主人，课堂评价要尊重他们的主体地位，依据学生身心发展规律，激发其好奇心和求知欲，引导他们自由生长。学生需要认知，基于初中学生心智发展不成熟的特点，教师课堂学习评价既要肯定他们理解中的精彩之处，也要敢于否定他们理解中的偏差，明确指出对问题理解的症结所在。学生需要成长，核心素养下的课堂评价的最终目的是发展全面的人，基于生长理念下的课堂评价要始终以学生的成长需要为第一目的。教师应了解、关注学生原有的认知水平、已有经验水平，以发展的眼光关爱他们，当他们认识上有偏差，理解上有错误时，要及时恰当地给予正确引导。只有当课堂评价起到引导功能时，学生才能乐于学习，善于学习，学生核心素养"学会学习"才能落地生根。

探寻生长理念下的课堂评价的基本做法有二：其一，把握评价的"点"；其二，掌握评价的"法"。

1.把握两点：

一是学生。只有认识、了解学生，才能知道怎样的评价能发展学生，评价实践才会基于学生，真正为了学生。要研究学生的"已知"和"未知"，教师只有对他们的"已知"和"未知"有了科学把握，才能在评价时知道学生在"哪里"。要揣摩学生的"共性"和"个性"，学生年龄相仿，学历相近，对事物的认识理解有相似的观点，学生又来自不同家庭，是各不相同的个体，自然有不同的理解，教师只有对学生的"共性"和"个性"充分揣摩，才能从容面对可能出现的不同生长点，课堂评价才会有所作为。

二是教材。教材是教师与学生对话的载体，教师要发现教材所承载的知识、能力、情感、态度、价值观等方面的关乎学生的生长点，把他挖掘出来，利用好。核心素养由知识、能力、态度等综合化而来，研究表明，只有致力于学会学习，学会思维，才能把知识转化为能力，培养成素养，培养成学生的必备品格和关键能力。

2.掌握评价的"法"。课堂是动态的，具有不可预见性，因此生长理念下的评价没有固定模式，在具体实施中教师要有针对性和指引性思维。针对性是生长的基石，学生最大的特点是发展性，课堂评价应在促进学生发展上有所担当。学习本质上是个体主动建构的过程，具有生长力的评价就是在教师的指引下，学生主动建构。

但纵观目前中学课堂，由于种种原因，出现了教师迎合学生的评价，忽视了教师的主导作用，屏蔽了学生生长的方向；出现了应付学生的评价，扼杀了学生生长的热情；出现了专断式的评价，阻断了生长的机会；出现了整齐划一的评价怪模式，忽视了生长的时空，使学生的个性生长无从谈起。凡此种种在课堂评价中存在的问题，极大影响了学生核心素养的发展，影响了核心素养在课堂教学中的落地生根。因此，基于生长理念下的多样化课堂学习评价作一些有益探索和实践，十分必要。

三、实践指南

（一）赞赏式评价

赞赏是多样化学习评价中常见的方式。心理学认为，每个人都有渴求被肯定、被赞扬的欲望，何况学生？这里要防止出现简单的肯定和泛滥的赞扬，赞扬要实事求是。"赞赏"就是当教师敏锐地捕捉到学生发言交流中的"生长点"时，在肯定中巧妙地蕴含思想引领，其他学生在教师融思维引领于赞赏的评价中得到"生成"的暗示，具有思维的方向，从而实现生长。

案例：

"平均数、中位数和众数的使用"教学片段

问题1：七年级某班的教室里，三名同学正在为谁的数学成绩最好而讨论，他们的五次数学成绩分别是：

小华：62，94，95，98，98

小明：62，62，98，99，100

小丽：40，62，85，99，99

他们都认为自己的成绩比另两名同学好，你知道他们认为自己好的理由吗？

教师：请同学们先把自己的想法写下来，然后把你们思考的结果在小组里同同学们交流一下，并请同学代表发言。

学生1：我觉得是小华成绩最好，因为他平均成绩为89.4，是三个人中最高的。

教师：是你的想法，还是你们小组的想法？

学生1：是我们小组的想法。

教师：那应该说我们。

学生2：我们觉得小明成绩最好，因为只有他一个人得过满分，并且他成绩的中位数为98分，是最高的。

教师：中位数98分最高有什么实际意义吗？

学生2：（稍微停顿）说明小明98分以上的高分最多。

教师：说得很有理。其他同学还有不同的想法吗？

学生 3：我们小组认为小丽成绩最好，她是三人中成绩众数最高的人。

学生 3：三名同学中，小丽的进步最大，从 40 分提高到 99 分，进步了 59 分，所以我个人认为小丽同学最有潜力。

教师：喔！你还是那么有主见。

学生 4：我们小组认为小华成绩最好，因为他除了一次考了 62 分外，其余成绩一直稳定在 94 分以上。

教师：好，你们观察得很仔细，研究得很深入……

教师：请同学们思考，高一年级录取新生主要考虑的是什么分数？

学生（众）：（少数学生）总分。

教师：那么考生的总分与中位数、众数、平均数中哪一个关系较大？

学生众：平均数。

教师：是的！如果我们单纯从这一点来看，不妨说小华的成绩最好，但这种仅依靠一次考试的总分来录取新生的做法是否一定能体现每个学生的真实水平呢？从刚才大家的发言中，我们已经可以初步感受到它的一些不足。我想大家课后可以继续就这个问题进行深入探讨和交流，好吗？

问题 2：某公司 10 名销售员去年完成的销售额情况如下表所示。

销售额（单位：万元）	3	4	5	6	7	8	10
销售员人数（单位：人）	1	3	2	1	1	1	1

（1）求销售额的平均数、众数、中位数；（2）今年公司为了调动员工积极性，提高年销售额，准备采取超额有奖的措施，请根据（1）中的结果，通过比较，合理确定今年每个销售员统一的销售额标准是多少万元。

学生 5：平均数为 5.6 万元，众数为 4 万元，中位数为 5 万元。

教师：如果你是老板，你觉得确定销售标准是多少万元合适？

学生 5：我想用平均数 5.6 万元。

教师：各位同学，如果你是员工，你对这位老板的定额满意吗？

学生1：5.6万元的定额只有4人能够完成，不利于提高大多数员工的积极性。

教师：有道理！那你觉得用哪个量反映比较好呢？

学生1：用中位数5万元，这样6个人能完成，4个人经过努力也基本能完成。

教师：有想法！还有其他不同的意见吗？

（老师本希望有学生回答众数，但学生1发言后，其他学生觉得有道理，好像不想发言了。）

教师：（教师有点迫不及待地问学生）用众数4万元行不行？

学生6：如果定额是4万元，则只有1人不能完成，对老板来说不利于赚更多的钱，我们小组也觉得用中位数合适，既有利于老板赚钱，又能提高员工的积极性。

教师：分析得很有道理。的确，用中位数5万元作为定额是一举两得的事，用现在的话说叫作"双赢"。

（板书在黑板上。）

本案例中教师对学生的赞赏用语毫不吝啬，而且恰到好处。赞赏激励评价的原则是教师在课堂教学中，将学生的优点和长处放在首位，寻找闪光点，激励他们创新。采用赞赏性评价，有利于营造一个积极向上的良好氛围，最大限度调动学生积极性。例如，上述案例中教师的评价，"喔！你还是那么有主见。""你们观察得很仔细。""有道理！那你觉得用哪个量反映比较好呢？"这些都是对在学习过程中的学生取得的点滴进步的赞赏性评价，评价有内容、实在。这样的评价有利于帮助学生认识自我，建立信心，享受成功的快乐；有利于尊重、维护人的尊严价值，关切人的发展和幸福，让学生核心素养真正落地生根。

（二）跟进式评价

跟进式评价能把学生思维一步步往前推，使其能够向更深更广处探索，得到发展。跟进式评价是对事物的深入挖掘，教师依据文本内容，凭借对学生思维发展程度，在关键处、疑难处、出差处评价跟进，学生的理解就会由表层走向深入，由肤浅走向深刻。错误资源往往是跟进生长的出发点。当学生出现思维定式时，教师通过跟进引导评价引导学生多角度思考，当学生的理解出现偏差时，教师可跟进评价"请联系概念和性质再想一想"……

教师的指引和跟进要由浅入深，由单一到多向，从简单到复杂，使学生在原有基础上向纵深处思考,实现知识生长,能力提高,品质建构。让学生核心素养真正落地生根。下面的案例正好说明以上问题。

案例:

课题学习——你会分割吗

在研究完"作一条直线,将平行四边形的面积分成相等的两部分"后,教师提出了如下问题。

教师:如图9-2所示,在梯形 ABCD 中,AD∥BC,能作一条直线将其分成面积相等的两部分吗?

学生1:(不假思索)能!连接对角线 AC。

(教师同时在图上画出,如图9-2①所示。)

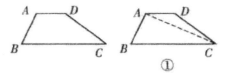

图 9-2

其余学生大声哄笑,显然对角线 AC 分成的两部分不一样大。

教师:看来作对角线是不行,那么如何才能把它的面积二等分呢?

学生2:我觉得应该作梯形的中位线 EF。

(教师随手画出中位线 EF,如图9-3②所示。)

学生3:(马上反驳)这个方法也不对!因为上面部分小,下面部分大。应过上、下底的中点画直线时,梯形的面积才被平分。

(这时教师示意该生上黑板画,如图9-3③所示。)

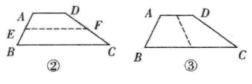

图 9-3

教师故作困惑,问道:他的方法对吗?

学生:(齐声)对!

教师:现在我们请他谈谈是怎样想到这种方法的。

学生 3：我是从刚才平行四边形取一组对边中点可等分面积的方法中想到的，其实一开始也是作中位线，后来发现不行……

教师：有这种猜想是可贵的，把平行四边形的结论类比应用到梯形不一定可靠，必须通过验证才能确定其准确性。还有其他想法吗？

教师：我们经常将梯形问题转化为什么问题？

再次激起学生的探究欲望，学生继续寻求……当学生 4 找出方法后……

教师：好！这方法好！把未知问题转化为我们熟悉的问题来解决，这是我们解决数学问题常用的思想方法。还有吗？

学生兴趣很高，继续探讨……

教师：同学们研究得很仔细，能从不同的角度思考问题。还有新的发现吗？

……

教师：不错，观察越仔细，方法越简单！

……

本案例教师的评价就是一种跟进式的评价。教师有很强的分辨能力，他能根据学生回答问题的准确性，客观地指出学生的长处以及存在的问题，而不是一味地使用"好""真棒""不错"等类似语言。这样的跟进及时指出了学生的错误理解，纠正了学生思维发展偏离的航向，使模糊的概念得以澄清，从而提高了学生的认知能力和思辨能力。基于生长理念的跟进式评价有利于提高学生的质疑精神，有利于培养学生的理性思维，有利于培养学生勤于反思的好习惯，无疑对学生核心素养落地生根起到夯实基础的作用。

需要说明的是，跟进式评价不应只关注学生的知识与技能，还应关注他们的能力、方法、思想、情感、态度、价值观等。跟进式评价的方式可以是先否定（或肯定）后直接告诉努力的方向，没有固定的方式。

（三）延伸式评价

延伸式评价是指在某一个教学环节结束后，教师对学生的课堂表现及时进行恰到好处的延长、伸展。延伸式评价的目的在于把问题引向深入，使学生无意识的或模糊的认识清晰化，理解程度得以提升。延伸式评价有利于促进学生自省自悟，自主发展，有利于引发他们进一步思考，有利于激发他们积极探究的欲望。延伸式评价是"点灯"，能照亮学生自我生长的方向。延伸式评价作为基于生长理念的多样化评价的具体方法与核心素养高度契合。

案例：

正方形拼图及其他（一道习题课背后的引申）

教师：利用两个同样大小的小正方形，通过剪拼能否拼成一个更大的正方形？（学生已经思考一定时间。）

学生1：可以！（学生板演，如图9-4所示。）

（大多数同学点头肯定。）

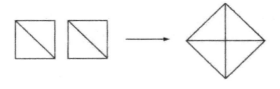

图9-4

教师：有无其他拼法？

学生2：我还有其他拼法！

教师：你来给同学展示一下！

学生2：把其中一块剪成4块，另一块不动，如图9-5所示。

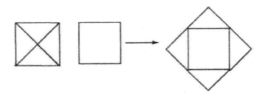

图9-5

教师：很好！你把其中一块剪成4块一样大小的直角三角形，而另一块不动，很有创意！同学们能否从这名同学的剪法中有所启示？

例如，另一块也剪成4块！

（沉默……）

教师：大家试一试！剪一下！

（学生四人一组，商讨热情很高。）

学生3：老师，我有一种拼法，如图9-6所示，你看对不对？（一名同学很急切。）

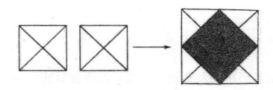

图 9-6

我很快来到他的跟前，原来他的画法的确很特别，上面的拼法都是中间不留空隙，而他"跳出"这一思维定式，中间留有空隙，我当即对他的做法大加肯定。

教师：很好！你的拼法有创意，中间有空隙，而他本身也是一个正方形，外面还有一个更大的正方形，可谓一举两得！

（我带头鼓掌，并让他到黑板上来板演。）

教师：刚才，同学们的拼法都不错，但基本图形都是三角形或正方形，有没有剪成不是三角形的？但也能拼成正方形？

（多数学生有点始料未及。）

有一名同学举手了！

学生4：老师，我剪出来的是长方形，您看行不行？如图 9-7 所示。

图 9-7

（沉默……）

学生5：可以的！就按照学生4的拼法，中间留有空隙！

学生（情不自禁）齐声：好棒！原来还可以这样拼啊！

师生热情推向高潮。

学生5（又是他）：老师，我想能否把正方形剪成如图 9-8 所示的这种图案，而这4个小图案也能拼成一个正方形。

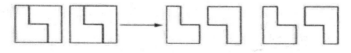

图 9-8

真是一波未平，一波又起！（这是我意料之外的。）

教师：好啊！同学们一起来接受学生5的挑战吧！

实践出真知，自己亲身操作！（由于学生凭空想比较难，而图形又不规则，所以允许他们尝试操作。）

学生6：我可以的！老师，您来看！

他居然拼成了一个同样有空隙的正方形（如图9-9所示）！

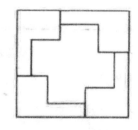

图9-9

同学们很惊讶，这样的图形竟也能拼成正方形！

教师：这里的基本图形与前面的不一样，但也能成功拼出。请同学们观察一下图形的基本结构，你们有无新的发现？

学生7：老师，它们都是由一个图形变化来的！

教师：转了多少度？

学生（齐声）：90°，180°。

我及时拿出2002年在北京举办的世界数学家的大会上用的会徽，如图9-10所示，让他们欣赏。并利用动画展示生成过程，学生一下子理解了图案的美妙之处。

图9-10

学生6：那么是否能利用一种基本的图形，通过旋转一定的角度拼成美丽的正方形呢？

教师：你的想法很大胆！我这里提供一个基本的图形（图9-11所示），试试看！（学生激情不减。）

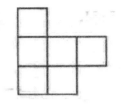

图 9-11

学生 4：我找到了！我有发现了！原来我们在竞赛辅导时有一道题就是利用 12 个这样的图形拼成一个 9×9 的大正方形，且中间留有一个空隙。只要把这个基本图形换 2 个不同位置，通过旋转三次，就可以得到 9×9 的大正方形（如图 9-12 所示）！

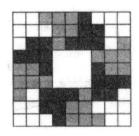

图 9-12

看到他们如此兴奋，我深深地感悟到，学生的潜力是巨大的！我为他们的精彩表现叫好，感谢他们使老师也获得了成长。

上述案例中，原本一个简单的正方形拼图问题，在教师恰当的延伸式评价下，演绎出如此精彩的场面，已经超出了本堂课的预设。它有利于促进学生自省自悟，自主发展，有利于引发他们的进一步思考，有利于激发他们积极探究的欲望。上述案例中学生 4、学生 5 就是受到前面学生的启发，激发了他们的创造性，设计出如此漂亮的图案。学生 6 的构思，就是利用类似上面的基本图形，通过旋转变换，设计出更一般意义上的漂亮图案。教师和学生的延伸性评价给了学生 5、学生 6 足够的思考时间，呵护了他们的想象力，培养了他们的创造性及强烈的问题意识，使学生核心素养在课堂里全面落地生根。

后现代主义理论认为：21 世纪是开放的。多元的世界可容纳每个学生的奇思妙想。创新已经成为这个社会、个人发展的动力源，学生发展核心素养之一就是要培养具有创新精神和时代特征的人。学生个体的发展离不开活动过程，教师应尊重学生个体差异，注意学生主体性和创造性的发挥。教学不能以绝对统一的尺度去衡量学生的学习水平和发展程度，要给学生不同的见解留有一定的空间。

（四）交互式评价

课堂评价不应只有教师评价学生，还应有师生间的交互式评价。交互式评价即教师对学生的回答作出评判，学生对学生的回答作出判断，学生对教师的评价作出判断。在这种循环往复、交错提升的动态评价中，教和学充分融合，学生核心素养得以生根落地，实现了师生共同生长。

在传统课堂学习中，评价者（教师）与被评价者（学生）基本上是管理者和被管理者的角色，学生对评价结果大都处于不得不接受的被动状态，对于评价本身更是拒绝大于欢迎。随着新课程理念的落地生根，学生也成为评价主体的一员。评价变成了学生主动参与、自我反思、自我教育、自我发展的过程，在相互沟通中，双方（师生，生生）对彼此的了解和理解逐渐加深，这有利于被评价者接纳和认同评价结果，促进师生共同发展，真正体现以人为本的核心理念。

教师评价学生，学生点评教师，学生点评学生。来自他人的信息被自己吸收，而自己的感悟、思考又会被别的评价唤起，迸发出新的智慧火花。这种实践交互式评价的主人是学生，教师要尊重学生，关切学生的发展；精心呵护学生的求知欲和想象力；鼓励学生大胆表达自己的真实想法，哪怕是烦琐甚至是错误的。长此以往，学生的反思力、批判质疑的科学精神就会得到充分发展，成为具有 21 世纪素养的全面发展的人。

第三节　以形成性评价贯穿课堂教学各个环节

一、案例呈现

"可化为一元二次方程的分式方程"的教学片段

学生：老师，像 $\frac{x}{x+1}+\frac{2}{x}=1$ 这样的方程不一定叫分式方程。

教师（把问题仍抛还给学生）：那你是怎么认为的呢？

（教师在课堂中渗透了发展性评价，把评价的权利交给了学生自己，改变了传统的教师一个人评价的方式，让学生能主动积极地参与到评价中来，从而广泛地调动学生学习的自主性，使学生既是评价的主体又是评价的客体。）

学生：我观察很仔细的，它的整个解题过程和一元一次方程完全一样（去分母、移项、合并同类项，系数化为1），并且它也是一个只含有一个未知数的等式，这样我认为再起分式方程这个名字就显得多余了，我们应该仍称它为一元一次方程。

教师（故作惊讶）：是呀，那又何必叫分式方程呢？那是否还有其他的考虑呢？

学生（思考片刻）：哦！我刚才的观察不够全面，只是看到了它的一个方面，其实判断分式和整式的依据是看分母中含不含有未知数，如果按这一角度去考虑，我们可以称它为分式方程。

学生：还有，从分式和整式的分类角度，确实我们还可以把方程分为分式方程和整式方程，依据是看方程中是否出现了分式。

学生：看来，未知数的个数和次数只是方程起名的一个依据而已，我应该更深入、更全面地去观察和研究……

渐渐地，学生对分式方程的概念有了全面的认识。

形成性评价最早由布鲁姆引进教学领域。它是指通过多种评价手段和方法（包括观察、活动记录、测验、问卷、访谈、学习日志等）对学生学习过程中表现出来的兴趣、态度、参与活动程度进行评估和评判，对他们的数学抽象、逻辑推理、数学建模、实践应用进行判断，对他们的学习尝试进行肯定，对他们的学习进展进行持续性评价。形成性评价的特点是即时性。课堂上学生的思维力、学生的各种反应、学生个体间的差异反应在不断变化，这就要求我们的教师应根据课堂实情发展、学生个体差异等作出即时评价，呵护学生的学习积极性，时时处处体现以生为本的核心理念。

数学知识的获得往往是思维的结果，教师要引导学生学会评析自己、反思自己、纠正自己、欣赏自己。这样不仅可以让学生认识到知识本身的价值，体验到思维的价值，而且在这个过程中，学生能主动将知识发生、认识、整理的全过程完全展现在他人面前，培养学生学会自我监控；同时，教师和其他学生可以依据他的自我评价去理解他分析问题、解决问题的思考方式和思维过程，并针对所暴露出的问题给予特定的帮助、纠正，这对于学生核心素养的提升，保证数学核心素养生根落地将起到重要作用。

在上述课堂中学生在一系列的生生评价和师生评价中，不仅仅是简单地陈述自己的选择（对结果进行终结性评价），而是展现出自己的思维过程（对思考过程进行的评价），学生用自己所感、所见、所想来作以解释，以数学的视角来进行思考并加以处理，从而得到结果。这种自我评价的方式不仅为学生搭建了展示自己思维的舞台，而且培养了学生自我质疑和自我解疑的评价机制，培养了学生勇于探究的科学精神，这些都是核心素养的具体体现。由此可见，基于核心素养视域下的课堂学习评价要着眼于评价方式的转变，评价要全过程，全方位，贯穿到整个课堂的不同阶段。在课前要进行诊断性评价，了解学生的学情；在课中要进行形成性评价，监控学习活动的有效性；在课后要达标检测，以发展学生的核心素养，使不同的人在数学学习上有不同的发展，人人有收获，坚持以人为本的育人理念。

二、理论精要

课堂学习评价是对学生在课堂学习活动中所表现出来的学习态度、思维品质、团队合作精神等作出判断，调整学习方向，促进学生进一步发展的手段。随着课程改革不断深化，"获取知识的过程比知识本身更重要""人的全面发展远比取得几个分数重要"，这样的理念已经被愈来愈多的研究者和一线教师认同。中国学生发展核心素养，由三大方面（文化基础、自主发展、社会参与）、六大素养（人文底蕴、科学精神、学会学习、健康生活、责任担当、实践创新）、十八要点（人文情怀、审美情趣、理性思维、批判质疑、勇于探究、乐学善学、勤于反思、信息意识、珍爱生命、健全人格、自我管理、社会责任、国家认同、国际理解、劳动意识、问题解决）组成。其中科学精神是不可忽视的核心素养。科学精神包括理性思维、批判质疑、勇于探究。科学精神要求学生能理解和掌握基本的科学原理和方法，尊重事实，有严谨的求知态度，逻辑清晰，能用数学的思维方式认识事物、解决问题；有问题意识，能独立思考、独立判断，思维缜密，能多角度、辩证地分析问题；有好奇心和想象力，不畏困难，有坚持不懈的探索精神，能大胆尝试，积极寻求有效的问题解决方法。由此可见，课堂学习评价已经从过去的只注重分数，唯分数论转变为关注学生的科学精神和人文底蕴等的核心素养，这样的课堂学习评价对于核心素养在课堂教学中落地，具有不可估量的价值和作用。

核心素养视域下的课堂学习评价基本特点是关注人的发展，这是学生发展科学精神的重要保障，在课堂学习中，教师目中有"人"，不仅关注学生的过去（过去的知识积累、学习品质），也重视学生当下课堂的表现（包括学习态度、质疑精神、用数学的方式思考问题等），更关注学生未来的发展（成为有一定科学精神的人），这也从另一方面说明了对核心素养落地的重要性。

形成性评价不仅改进了教学工作，提高了课堂学习效率，形成了适合于教学对象的重要手段，而且是促进学生核心素养落地生根的重要抓手。形成性测试能使学生明确是否已达到了阶段目标、存在的问题及今后的努力方向，从而调动他们的积极性，增强其自信心，以起到强化学习活动的作用。经过分析，可以找到测验中产生错误的原因，为学生克服学习上的困难提供有效信息，同时也为确定新单元的学习目标提供必要依据。根据对存在问题的分析，给学生及时的辅导和帮助，使他们自觉地改正错误，提高学业成绩。

课堂学习中的形成性评价有利于为学生的各个学习阶段明确规定学习目标，使学习不偏离方向；有利于不断调整学习活动和内容；有利于呵护他们的学习积极性；有利于为学生学习上的困难提供有效信息，为确定新单元的学习目标提供必要依据。课程改革不断深化，评价在学生的终身发展中所起的作用越来越重要。

但是，纵观当下中学课堂，由于种种原因，许多教师更愿意用试题检测等作为终极性评价，而忽视了对学生课堂形成性评价的关注；只关注学生考试成绩等显性指标，而忽视了学生其他方面的素质发展等隐性指标；只关注学生的知识储备，而忽视了让学生学会用数学眼光"看世界"，用数学思维"想世界"，用数学模型"说世界"的核心素养。凡此种种，极大地影响了学生核心素养的发展，影响核心素养在课堂教学中的落地。因此，在课堂学习评价中如何以形成性评价贯穿课堂教学各个环节，强化以人为本的核心素养评价，需要一线教师作出探索和实践。

三、实践指南

形成性评价贯穿课堂教学各个环节，是对学生整堂课的全程评价，评价应从学生的实际需要出发，重视学习过程和体验，强调多元评价之下的相互作用。在形成性评价中，教师的职责是确定任务，渗透指导，与学生共同评价。依据课堂教学的三个主要阶段，可从以下几方面着手：

（一）课堂初期应给出诊断性评价

同样的学习内容，由于学生的学习背景、接受能力等参差不齐，也就是说在组织课堂教学时，学生的起点是不同的，为了让不同的学生在数学上有不同的发展，需要了解他们的"底细"。学生要想对自己的学习进行控制，就必须不断诊断，查明学习中的困难和问题，以便采用适当的方法予以解决。课堂初期诊断性评价的目的是了解学生个体差异、学生数学发展需要的必要条件。诊断性评价可以使学生在课堂学习前就对将要学习的新知情况做到心里有数，学生可以从自己的实际出发，采取相应的学习策略，使学习过程一开始就处于有目的、有计划的自我控制之下。

案例：

"分式方程"教学片段

请同学们完成下列问题：

1.解方程。

（1）$\frac{12}{x} = \frac{21}{x+1.2}$；（2）$\frac{12}{1.5x} - \frac{12}{x} = 1$

2.对于分式方程，你已经知道了哪些知识？

3.利用方程组解决实际问题的一般步骤有哪些？

4.用分式方程解决下列问题：甲、乙两公司各为"见义勇为基金会"捐款 30000 元，已知乙公司比甲公司人均多捐 20 元，且甲公司的人数比乙公司的人数多 20%。问：甲、乙两公司各有多少人？

（1）观察下表，并填空。

设乙公司有（　　）人。

	捐款总数	人数	人均捐款
中公司			
乙公司			

（2）你能找出本题的等量关系吗？

（3）请列出相应的方程来。

（4）请你完整解答本题。

上述案例就是课堂学习前的诊断性评价，它的目的就是让老师了解学生已有知识库里的存量，哪些知识还需进一步学习，学生在解决实际问题时，还缺乏哪些能力。教师可根据评价结果及时调整学习活动、学习内容。这种诊断性评价检测面向全体，针对不同个体设计，既有基础性内容，又兼顾到学习力较高的学生的实际情况，体现了评价方法的多样性。本案例涉及数学思想方法之一的建模思想（方程模型），数学建模是义务教育阶段八大核心素养之一。这种诊断性评价能作为学生课堂学习的有效教学的依据，使课堂学习不再盲目，心中有"纲"，目中有"人"，真正以生为本。另外，这样的诊断性评价也为学生提高数学建模能力奠定了坚实的基础，学生心中有数，教师引导正确，教学效率大大提高。

（二）课堂中期应给出形成性评价

课中形成性评价主要目的是针对课中学习实际，改进学习方式，引导学习方式，适当微调学习内容，取得最大教学效益。它的基本思想是针对学生实际需要，矫正学习中带有的普遍性问题，或针对学生需要，因人而异地进行帮助矫正。形成性评价可结合提问、小组讨论、实验操作等方式进行，也可采取必要的测试，教师应对评价结果作出分析。形成性评价是课堂学习中学生实施自我控制的主要环节，它可以向学生提供有意义的教学信息，对学生起到激励和强化作用，使他们在接下来的学习中，表现出更强烈的信心，更浓厚的兴趣，它对促进学生核心素养的培养，起到重要作用。

案例：

"数据分析"教学片段

生活情境：根据班级三名同学五次考试的成绩，选择一人去参加比赛。

	1	2	3	4	5
小红	70	75	60	80	85
小黄	60	65	70	80	85
小张	30	60	85	85	90

教师：从这张表格中你能得到哪些信息？

"从这张表格中我可以得到他们每个人的总分及平均分。"还没等教师说完，学生们都脱口而出。

教师：很好，大家都非常善于观察！都能在表格的各种表面特征和联系中寻找到隐含的数学信息——总分、平均分。

教师：你们打算如何作出选择？

学生 1：因为北京奥运会射击比赛就是按选手的射击总分来排名的，所以我们可以从他们的总分来考虑，小红的总分最高，所以我会选小红。

教师（抚摸着学生 1 的头）：谢谢你！不但告诉了我们该选谁，而且把理由说得都非常清楚！也让我们学会了用实际生活经验来解释生活问题。

教师：大家认为他说得有道理吗？

"他说得有理！""我也是这样想的。""对呀！"……学生的各种相互评价从教室的各个方向传来。

在大部分同学表示赞同时，有一个声音从教室的一角传来。

学生 2：老师，不对呀！如果按照奥运会跳水比赛算分的标准，应该是先去掉一个最低分和一个最高分后，再算平均分，这样的话小张的得分最高，应该选小张呀！

一石激起千层浪，学生们都争辩开来。

教师（教师没有立刻给予判断，而是转向学生 1）：他的理由你认同吗？或者有其他的想法吗？你又是怎么认为的？

这时学生学习的积极性更高了，讨论也更热烈了。

学生 3：我也觉得确实应该选小红，但是和学生 1 的理由不同，却和学生 2 有点类似，看谁的平均分高，因为数学老师常常是用我们班的平均成绩和其他班比较的，所以我认为应该算他们的平均分，我算得他们的平均分分别是 74 分、72 分、70 分，小红的平均分最高，所以应该选小红。

学生 1：他算平均分和我用总分来比较是一样的，因为我们已学过平均分只要用总分除以人数就可以得到了。

教师：这两名同学灵活地运用身边的例子来解释实际问题，说明我们同学有较强的知识迁移能力。

这时，有一学生欲言又止，手举了又放下，眼中充满疑惑，老师示意他大胆发言。

生 4：大家看（边说边指着小张前后五次的考试成绩），小张的考试成绩一次比一次好，并且后面两次考试小张比其他两个人都好，他肯定是开始不太用功，努力后，成绩就追上了另外两个人。我想下一次考试小张的成绩一定会比其他两个人好，所以我选小张。"是呀！""我看下一次考试小张的成绩会更好的。"……课堂呈现一派热闹的景象。

上述案例中，学生真正成为学习的主人，这与教师坚持以人为本的核心理念是分不开的。通过这种形成性的评价方式让学生的思维得以完全展现，学生也在自我欣赏、相互欣赏中肯定自我、肯定他人；不断地相互审视、借鉴、完善，得到主动发展。

事实上，在这堂课的形成性评价过程中，当学生以为已有了答案时，却不断有学生提出自己不同的看法。此时，教师并不马上作出评判，而是巧妙地抓住这些"意外"，把评价的权利交给了学生，为学生搭建交流平台，让学生展示自己独特的思维方法，这体现了学生的不同思维水平，给了学生更大的探索和感悟的空间。于是，就有了一个又一个精彩的发现，学生不同的思维个性得以凸显。接着，通过师生互动、生生互动，实现了互相沟通、互相补充，引发了群体思维碰撞，极大地调动了学生学习数学的积极性，不仅促进了学生的自主学习、主动探索，而且还促进了学生多种思维能力的发展。形成性评价有效地促进了教与学双方互动相长，有利于培养学生的质疑精神和独立思考能力，有利于培养学生缜密的思维，能多角度、辩证地分析问题，作出选择。这些都是核心素养落地生根的具体表现。

（三）课堂后期应做达标检测

核心素养下的课堂学习评价不是不关注测试成绩，相反，对逻辑推理能力、运算能力的考核往往通过相关达标检测体现。其结果作为评价的重要内容之一，评价中要高度重视共性度高的问题，或者是易错点、难点。

学生对数学学习的兴趣和态度，在学习过程中表现出来的参与意识和参与程度，在数学学习中表现出来的数感、符号感、几何直观、应用意识和创新意识等，都是学好数学的重要因素，是学生具有厚重数学素养至关重要的方面，这些素养无法通过定量方式测定，因此形成性课堂学习评价恰恰弥补了一般意义上考试检测的缺憾，能让学生自主学习，自主发展，最终达到完善人、发展人的目的。

第四节　运用信息技术客观地测量学生的核心素养

一、案例呈现

一图多用的例题教学

例题是数学教材的核心内容，概念的形成、规律的揭示、技能的训练、智能的培养往往要通过例题教学来进行。因此，在课堂上抓好例题教学这一关无疑是培养学生创新思维能力的绝好良机。教师要利用好几何画板等信息技术手段一图多用，提升学生思维的深刻性。教师还要借助学校多媒体教学平台，针对所学知识和学情设计一个或多个例题，而学生通过这样的例题使知识得以完善建构，教师也能获得全年级该学科相对大的数据，再利用一些信息技术进行详细分析。这样的评价会收到事半功倍的效果，学生学得轻松，教师教得明白，同时也能帮助教师提高教学水平。

例 1　初三（1）班的数学兴趣小组开展如下操作实验：

如图 9-13 所示，有一块塑料矩形模板 $ABCD$，长为 10cm，宽为 4cm。将手中足够大的直角三角板 PHF 的直角顶点 P 落在 AD 边上（不与点 A、D 重合），在 AD 上任意移动三角板顶点 P。

（1）有同学说："我能适当地移动三角板顶点 P，恰使三角板两直角边分别通过点 B 和点 C，如图 9-14①所示。"你同意他的观点吗？若同意，请你帮忙确定点 P 的位置；若不同意，请说明理由。

（2）再次移动三角板位置，使三角板顶点 P 在 AD 上移动，直角边 PH 始终通过点 B，另一直角边 PF 与 DC 的延长线交于点 Q，与 BC 交于点 E（如图 9-14②所示），能否使 $CE=2cm$？若能，请求出这时 AP 的长；若不能，请说明理由。

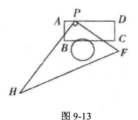

图 9-13

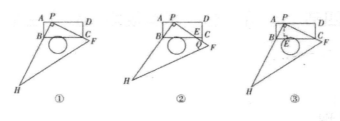

图 9-14

教师："解读第（1）小题所求的问题，它表明一种什么关系？"

学生（众）："选择关系。"

教师："若选择同意，则如何思考？什么情况下又会选择不同意呢？"

学生 A："若同意，则要求出 AP（或 DP）的长；若不同意，则……"（学生 A 低头不语，做思索状）

学生 B（补充）："当 AP（或 DP）的长不存在，或求出的 AP 长在 0~10cm 之外时，我会选择不同意的。"

教师："那如何求 AP 的长呢？请同学们分组讨论解题策略，讨论时可围绕以下问题展开。"

展示讨论的问题：

求 AP 的长时，应将 AP 放置于何种图形中考虑？

（教师及时利用几何画板展示图形运动情况是本节课成功的关键。）

不可否认，学数学就得解题，但靠搞"题海战术"，将学生压得透不过气来，总是会事倍功半，甚至劳而无功。鉴于此，深挖一道题，注意多角度演绎，可以高效地巩固"双基"，沟通不同知识点的纵横联系，对开拓学生的思维和视野，有事半功倍的作用。这个教学案例运用现代信息技术及时呈现学情，让我们能更好地了解学生理解和掌握知识的程度。特别是运用信息技术能更为可观地测量学生核心素养，了解学生分析问题、解决问题的能力。教师能够立刻根据这些信息帮助学生化解难题，使每个学生都有一定的进步，加深对所学知识的理解。学生从这些信息中也能迅速发现存在的问题，然后请同伴或老师帮助自己消除困惑，并及时进行针对性的练习，使自己真正理解和掌握知识。

二、理论精要

信息素养是一个多元化、多层次的概念范畴，是建立在信息技术基础上的集信息观念、信息意识、信息道德、信息技术知识和信息技能于一身的关于信息的综合素养。

信息素养包含三个最基本的要点。

（1）信息技术的应用技能：指利用信息技术进行信息获取、加工处理、呈现交流的技能。

（2）对信息内容的批判与理解能力：在信息收集、处理和利用的所有阶段，批判性地处理信息是信息素养的重要特征。

（3）运用信息：指信息使用者要具有强烈的社会责任心、具有与他人良好合作共事的精神，使信息技术的应用能推动社会进步，并为社会作出贡献。

现在很多学校借助信息技术手段，建立了一套较为完善的、切实可行的测试与跟踪记录系统来测试、跟踪学生的学习过程，从而自动记录、分析和评测学生的阶段性学习过程和成果。利用智能平台和信息技术能够为学生提供一个多领域、多维度的数学学习活动空间，让学生的学习能力、计算能力、交流表达能力、直觉思维能力、想象力等都能得到一定的锻炼。信息技术评价可以说转变了原有的学习评价方式，既快捷又能取得实效，还能帮助师生理解所学知识，发展了学生的核心素养。

利用智能评价系统对学生学业成绩的评价必须注重学生智能的多元性，建立多纬度的、情境化的、基于过程式的评价指标体系，全面评价学生的素质和能力。给学生一个模拟的真实性环境，来体现学生发现问题、解决问题的能力。这种评价的主要目的是确定学生的学习结果，也应注意给学生提供关于其学习过程的必要反馈，并注意将评价的结果用于评定教学的有效性。这样的评价能较好地激励学生学习，促进学习的保持和迁移，促进学生的自我评价，利用评价反思改进教学效果。教师在给学生提供这些帮助的同时，就逐渐培养了学生的信息意识和信息能力，既提高了教学效率，也提高了学生的信息素养。

参考文献

[1] 张华平. 素养导向的初中数学教学实践与研究[M]. 长春：吉林人民出版社，2022.

[2] 秦晓梅. 基于核心素养的初中数学教学研究与导引[M]. 西安：陕西科学技术出版社，2021.

[3] 吴国庆. 且思且行 初中数学教学探索[M]. 武汉：华中科学技术大学出版社，2021.

[4] 李文革. 初中数学教学的理论与实践[M]. 开封：河南大学出版社，2020.

[5] 张俊忠. 基于核心素养的初中数学探究式教学研究[M]. 贵阳：贵州大学出版社，2019.

[6] 曾宇宁. 习性课堂模式教学案例[M]. 长春：吉林人民出版社，2020.

[7] 杨静霞. 初中数学核心素养落地签[M]. 济南：山东文艺出版社，2019.

[8] 王翠云. 基于初中核心素养背景下的数学课堂教学[M]. 徐州：中国矿业大学出版社，2018.

[9] 田飞虎，林华庆. "三环五步"精致课堂教学研究与实践[M]. 广州：暨南大学出版社，2018.

[10] 赵思林，高峥. 中学数学教师核心素养研究[M]. 成都：四川大学出版社，2020.

[11] 潘玉保. 初中生数学核心素养差异性培养教学实践研究[M]. 合肥工业大学出版社有限责任公司，2021.

[12] 吕新哲. 基于核心素养的有效学习与学业评价策略[M]. 长春：东北师范大学出版社，2018.

[13] 章正松. 核心素养视域下初中数学研究[M]. 昆明：云南美术出版社，2019.

[14] 万文涛. 指向核心素养培育的初中数学优秀课例精选[M]. 南昌：江西教育出版社，2019.

[15] 义务教育学科核心素养与关键能力研究项目组. 义务教育学科核心素养 关键能力 测评与教学 初中数学[M]. 江苏凤凰科学技术出版社，2018.

[16] 黄和悦. 初中数学素养提升的教学解读与实践[M]. 上海：上海科技教育出版社，2019.

[17] 章才岔编；胡玫，杨向群总主编. 素养导向的课堂教学 初中数学[M]. 上海：华东师范大学出版社，2021.

[18] 孙美娟著. 初中数学教学与班主任管理[M]. 青岛：中国海洋大学出版社，2020.

[19] 张俊忠著. 数学史融入初中数学教育研究[M]. 贵阳：贵州大学出版社，2017.

[20] 叶立军，斯海霞. 初中数学拓展性课程开发与实施[M]. 杭州：浙江工商大学出版社，2019.

[21] 顿继安. 素养导向的初中数学教学十五讲[M]. 北京：北京教育出版社，2019.

[22] 翟立安. 漫谈初中数学教研[M]. 上海：上海交通大学出版社，2014.

[23] 素养课堂 初中数学解题方法 七年级 2021 新版[M]. 延吉：延边大学出版社，2021.

[24] 史承灼. 初中数学教学探究[M]. 合肥：安徽文艺出版社，2014.

[25] 谢学智，穆元舟. 中考数学总动员[M]. 成都：西南交通大学出版社， 2016.

[26] [美]杰罗姆·布鲁纳.布鲁纳教育文化观[M].宋文里，译.北京：首都师范大学出版社，2012.

[27] 熊川武.教育实践学[M].上海：华东师范出版社，2001.

[28] 钟启泉.课程与教学论[M].广州：广东高等教育出版社，1999.

[29] 郅庭瑾.教会学生思维[M].北京：教育科学出版社，2001.